Ute Tietje

Camping-Kochbuch

210 leckere Rezepte

schnell und einfach zubereiten

BUFFALO VERLAG

Camping-Kochbuch – 210 leckere Rezepte schnell und einfach zubereiten

ISBN 978-3-9468600-0-6

27283 Verden/Aller – Auf der Höhe 10
www.buffalo-verlag.de

Autor: Ute Tietje
Cover Layout: Nils Heise
Grafiken: Ute Tietje
Fotos: Ute Tietje

Weitere Fotos:

Mit freundlicher Genehmigung:
National Cowboy and Western Heritage Museum, Oklahoma City (10), Legends of America, Warsaw, IN (10), Library of Congress, Washington DC (10 + 12), Vitaly Grafov (11), Landmann GmbH, Osterholz-Scharmbeck (15), La Hacienda, Chelford, UK (16), National Ranching Heritage Center, Lubbock, TX (20), g8ds (20), King Ranch, Kingsville, TX (32), Living History Farms, Urbandale, IA (77), Pennsylvania State Archives, Harrisburg, PA (136), Ohio History Archives, Mendes Ranch, Maui, HI (142), US Bureau of Land Management (140 + 143)
©Stylle Read – Ausschnitt aus einem Wandgemälde in Grapevine/TX, fotografiert von Ute Tietje (6)
©bulliblogger.de (Back, linkes Foto)

pixabay.com
12 – 16, 18, 25, 28, 33, 34, 37, 39 – 42, 46, 47 – 50, 52, 54 – 57, 59, 64 – 66, 68, 70, 75, 79, 81, 82, 85, 86, 89, 90, 92, 93 – 96, 99, 100 – 102, 108 – 114, 116 – 121, 124, 128 – 134, 138, 139, 143, 144, 146, 147, 149 – 153
depositphotos.com
©anatoliy_gleb (Titel), ©cocelma (Back, rechtes Foto + 16 + 53), ©vetal1983 (14 + 35), ©markhipov (21), ©frantic00 (43), ©paradoxdes (107)
bigstockphoto.com
©Tupungato (20), © yocamon (123)

Inhalt

LARD

Vorwort

Eine Camping-Reise vermittelt das Gefühl von Unabhängigkeit. Die Freiheit, dort zu bleiben, wo es einem gefällt, die Seele baumeln und sich im eigenen Rhythmus treiben zu lassen.
Dazu gehört eine Urlaubsküche mit leckeren, relativ schnell und einfach zuzubereitenden Gerichten, deren Zutaten man problemlos kaufen kann. Konserven sind in abgelegenen Gegenden sicherlich eine Alternative, zu bevorzugen sind jedoch frische Zutaten. Sich der Muße hinzugeben, im Urlaubsgebiet über regionale Märkte zu schlendern, kann allein schon ein Reise-Highlight sein.
Kochen im Campingurlaub bedeutet trotz sorgfältiger Planung gelegentlich Improvisation. Auch bei der Essenszubereitung mit einem manchmal recht spartanischen Küchen-Equipment ist Kreativität gefragt. So wie bei den Pionieren und Indianern Nordamerikas, von denen die Rezepte dieses Buches ursprünglich stammen. Sie wussten mit dem auszukommen, was da war, und notfalls nicht Vorhandenes durch etwas anderes zu ersetzen. Dazu verfügten sie meist über keine allzu üppige Küchenausstattung. Trotzdem war ihnen schmackhaftes und abwechslungsreiches Essen wichtig.
Außer zu bestimmten Anlässen, zu denen es auch zeitaufwändigere Gerichte gab, überwogen schnell zuzubereitende, dem Alltag und der Vorratskammer angepasste Mahlzeiten auf der Speisekarte. Die entsprechenden Vorräte wiederum hingen häufig von der Jahreszeit und der Vegetationszone ab, in der die Menschen sich befanden. Sei es im äußerst kalten Norden oder in einer Region, in der sogar tropische Früchte wachsen.
Nach diesen altbewährten und meist mündlich überlieferten Rezepten der Vorfahren bereiten ihre Nachkommen noch heute gerne ihre Mahlzeiten zu. Nicht nur zuhause, wenn Familie oder Freunde zu Besuch kommen, sondern insbesondere bei kürzeren oder längeren Camping-Aufenthalten in der freien Natur, die in Nordamerika einen hohen Stellenwert genießen.
Die Rezepte dieses Buches zeigen, dass die Urlaubsküche, egal wo man sich befindet, auch bei den Nomaden der Neuzeit keineswegs eintönig sein muss. Frische Küche ohne künstliche Aromen und Konservierungsstoffe lässt die Mahlzeiten zu einem Genuss werden.

Die meisten Gerichte dieses Buches wurden, je nach Herkunft, nach der Person, dem Ort oder der Region, aus der sie stammen, benannt. Falls bekannt, wurden die englischen Originalnamen verwendet.

Die Autorin

Ute Tietje, Autorin/Journalistin, auch Fachautorin für den Westernreitsport, bereiste seit 1991 mehrmals im Jahr die USA und Kanada ebenso wie viele andere Länder der Welt für ihre Bücher und Reportagen in Magazinen. Bei den Reisen durch Nordamerika sammelte sie unzählige alte Familienrezepte in Reservaten, bei Pow-Wows, Einladungen auf Ranches und anderen persönlichen Begegnungen mit den alten und neuen Einwohnern Nordamerikas.
Für die geübte Camperin, die bei Touren mit einfachem Hauszelt bis hin zum gut ausgestatteten Wohnwagen lebenslang ihre Erfahrungen gesammelt hat, bedeutet Camping:

Freiheit, Lebenslust und Abenteuer

1955 unternahmen ihre Eltern mit der damals Sechsjährigen die erste Campingreise innerhalb Deutschlands. Ab 1957 führten die sommerlichen Reisen nach Spanien, das zu der Zeit nur über eine Art breiteren Feldweg über die Pyrenäen zu erreichen war. Im ersten Jahr ging es an die Costa Brava auf den Campingplatz Pola, der im Gegensatz zu den meisten anderen bis heute nicht durch Hotelkomplexe verdrängt worden ist. Danach war das beschauliche kleine Fischerdorf Cambrils bei Tarragona für viele Jahre der Hauptstandplatz der 4- bis 6-wöchigen Reisen. Mehrmals ging die Reise auch auf abenteuerlichen Straßen bis nach Gibraltar. Das Hauszelt wurde durch ein riesiges Steilwandzelt und später durch einen komfortablen Wohnwagen ersetzt.

Gekocht wurde anfangs beim Zelten mit einem zweiflammigen Gaskocher und als Kühlschrank diente ein Loch in der Erde, ausgelegt mit einem Tuch und gekühlt durch Blockeis, das jeden Tag ein Eselskarren auf den Campingplatz brachte. Die restlichen Wochenenden des Jahres verbrachte die Familie auf einem festen Standplatz in der Eifel.

In ihrer Studienzeit war die Autorin mit Freunden immer wieder mit Käfer und Zelt in Südfrankreich, quer durch Spanien bis Gibraltar und nach Sizilien unterwegs. Kein Unwetter konnte sie aufhalten. Mit eigener Familie bevorzugte sie jedoch später einen Wohnwagen.

Nach 1979 erfolgte aus familiären Gründen eine Pause. Ab 1989 fanden die Campingaufenthalte für etwa 15 Jahre auf den Teilnehmer-Camps europäischer Westernturniere statt, an denen die Autorin, ihre Söhne sowie die Schüler ihres Trainingsstalls teilnahmen. Geschlafen wurde auf zusammenklappbaren Gästebetten im Pferdeanhänger, gekocht draußen. Da jedoch wenig Zeit zur aufwendigen Essenzubereitung blieb, waren die Rezepte der nordamerikanischen Pioniere, Cowboys und Indianer genau richtig. Oft fanden sich abends mit Stuhl, Getränken, Tellern und Besteck Reiterkollegen oder mitreitende Schüler und deren Eltern ein, die sich die leckeren Gerichte – ob Eintopf, BBQ oder anderes – nicht entgehen lassen wollten. Zwischen den Paddocks mit mampfenden Pferden, Gitarren- und Countrymusik konnten solche Abende lang werden, selbst wenn ein Start am frühen Morgen anstand.

Nach dieser Zeit gestatteten die vielen Recherchereisen für ihre Bücher und Magazin-Reportagen – insbesondere in die USA, sowie in viele andere Länder der Welt – vorerst keine Campingtouren mehr. Doch im Hinblick auf das vorliegende Camping-Kochbuch unternahm Ute Tietje im Juni 2018 eine 14-tägige Van-Rundreise durch die kalifornische Natur sowie eine 10-tägige durch den Nordwesten von Texas und übernachtete dabei in ihrem Van gelegentlich abseits jeglicher Zivilisation. Da nordamerikanische Campgrounds teilweise über ganz andere Einrichtungen verfügen als die europäischen Campingplätze, startete die reiselustige Autorin Ende August 2018 in ihrem VW-Passat zu einer 6-wöchigen Road-Tour. Diese 10.000 km lange Reise führte sie an der Nord- und Westküste Frankreichs, dann an der gesamten Küstenlinie der iberischen Halbinsel entlang und schlussendlich nach Südfrankreich.

Die geübte Camperin übernachtete auf Campingplätzen oder auch wild campend. Täglich traf sie auf neue Menschen aller Nationalitäten, die auf etliche verschiedene Arten kampierten. Sie erkundete in vielen Gesprächen die Kochgewohnheiten, Kochgeräte und kulinarischen Vorlieben der Reisenden und oft wurde auch gemeinsam nach ihren Rezepten gekocht oder gegrillt.

Historischer Hintergrund

Auf dem nordamerikanischen Kontinent ist im Norden der Polarbär zuhause, während im Süden tropische Regionen und Wüstenklima zu finden sind. Entsprechend vielfältig sind die Gerichte. Sowohl in Kanada als auch in den USA haben historische, ethnische und klimatische Gegebenheiten die Küche beeinflusst. So ist zum Beispiel im Südwesten der USA deutlich spürbar, dass er lange Zeit zu Mexiko gehörte. Chiligerichte, Tortillas sowie Orangen, Pampelmusen und andere tropische Früchte aus dem Rio Grande Valley, der heutigen Grenze zu Mexiko, bereicherten die Speisekarte. Erst mit dem Friedensvertrag von 1848 fielen Kalifornien, Arizona, New Mexico, Utah, Nevada und Texas an die Vereinigten Staaten von Amerika. In Kanada hingegen, in dessen Süden sogar Wein, Erdnüsse und Tabak gedeihen, wurde die Küche in den Anfängen durch Briten und Franzosen geprägt.

Die Essgewohnheiten, welche die meist aus Europa stammenden Einwanderer in die Neue Welt mitbrachten, passten sie notwendigerweise den jeweiligen Lebensbedingungen an, abhängig von Klimazone und Vegetation. Die Neuankömmlinge lernten zu-dem von den Ureinwohnern, regionale und ihnen bis dahin fremde Nahrungsmittel anzubauen und zu sammeln. Kombiniert mit Rezepten aus der Heimat entwickelte sich daraus eine sehr vielfältige Küche.

Die anfänglichen Beziehungen zwischen den Indianern und den europäischen Neuankömmlingen waren freundschaftlicher Natur. Als der Zustrom der Siedler in Richtung Westen jedoch nicht enden wollte, kam es zum Krieg zwischen den Ureinwohnern und den vom Militär unterstützen Siedlern.

Die Ernährung der Indianer war wesentlich abwechslungsreicher, als man vermuten möchte. Sie waren in der Lage, aus fast allem was die Natur hergab, schmackhafte Gerichte zuzubereiten. Selbst in der „Küche" der Jägerstämme finden sich erstaunlich viele vegetarische Gerichte auf dem Speiseplan, der hauptsächlich von den Jahreszeiten bestimmt wurde. Jedoch verstanden es sowohl die Nomadenstämme als auch die sesshaften Indianer, fast jede Art von Lebensmit-

tel haltbar zu machen, ob es sich um Fleisch, Gemüse, Pilze oder Früchte handelte.
Ein Cowboy, der die übliche Rancharbeit verrichtete, war früher oft allein draußen, auch über Nacht, und verfügte nur über eine sehr begrenzte Auswahl an Lebensmitteln. Er konnte nur das mitnehmen, was er in seinen Satteltaschen transportieren konnte: Speck, Bohnen, ein bisschen Maismehl, Schmalz, Natron, Kaffee, Salz und Zucker. Dazu eine Pfanne, den Kaffeepott und einen Becher.
Bei den Viehtrieben, die Wochen und Monate dauern konnten, war man auf haltbare Lebensmittel angewiesen, wie zum Beispiel Kaffee, Mehl, getrocknete Bohnen, Speck, Nüsse oder auch getrocknete Chilischoten zum Würzen. Der Koch war nach dem Rancher, bzw. auf dem Viehtrieb nach dem Trailboss, eine der wichtigsten Personen.
Auf der Ranch war der Küchenschuppen das Reich des „Cookies". Auf den Trailritten und beim Zusammentreiben der Rinder kam der legendäre Chuck Wagon, die rollende Küche, zum Einsatz. Der Koch verlangte Respekt von den Männern und schlief selten mit ihnen zusammen. Der Grund für seine Sonderstellung lag darin, dass er bei den anstrengenden Aktivitäten der Männer für eine äußerst wichtige Annehmlichkeit zu sorgen hatte: für gutes Essen. Eine der wenigen erreichbaren Genüsse im Leben eines Cowboys. Ein schlechter Koch konnte für einen Mann ein Grund sein, die Ranch zu verlassen. Daher war jeder Rancher bemüht, eine gute Küche zu führen, denn nur satte, zufriedene Männer waren in der Lage, die anstrengenden Arbeiten bei jedem Wetter zu verrichten. Der Lohn eines guten Koches lag 3- bis 4-mal so hoch wie der eines Cowboys und war auf dem Viehtrieb der zweithöchste Lohn.

Die Ess- und Lebensgewohnheiten der Pioniere Kanadas wurden ebenfalls von der Umgebung, der Weitläufigkeit des Landes sowie seinen Ureinwohnern beeinflusst. Die Militärs lebten in Forts und in Zeltlagern. Die Köche bereiteten in der Regel jedoch nur für die Offiziere die Mahlzeiten zu. Einfache Soldaten mussten ihr Essen an eigenen Lagerfeuern kochen.

Die Trapper (Fallensteller) verbrachten viele Monate allein in der Wildnis. Sie unterhielten freundschaftliche Kontakte zu den Indianern, überwinterten manchmal bei ihnen und kauften eine indianische Frau, die sie mit in ihre Blockhütte in ihrem Jagdgebiet nahmen. Allein unterwegs, bereitete der Trapper seine Mahlzeiten über dem offenen Lagerfeuer zu.

Die Holzfäller, Lumberjacks genannt, bewohnten Camps aus Zelten oder Blockhäusern, die jeweils ungefähr 20 Männern Schlafplätze boten. Meistens lagen die Camps an Flüssen oder Seen, da die Holzstämme auf dem Wasserweg zu den Sägemühlen transportiert wurden. Die schwer arbeitenden Männer waren anspruchsvolle Esser und quittierten einen pappigen oder trockenen Pfannkuchen durchaus damit, dass sie ihn an die Küchentür des Campkochs nagelten.

Eins ist allen Regionen Nordamerikas gemein: es gab zwar viele arbeits- und zeitaufwändige Gerichte, für die jedoch hinreichende Vorräte und ein Standort mit entsprechender Kücheneinrichtung erforderlich waren, die unkomplizierte, schnelle Küche überwog jedoch. Denn es fehlte häufig, insbesondere unterwegs, an Zeit für stundenlange Kochvorbereitungen oder –vorgänge. Oft passte nur ein Topf über die Feuerstelle oder es war überhaupt nur einer vorhanden, sodass viele Rezepte für Eintöpfe und Suppen entstanden.

Die Mahlzeiten waren schmackhaft und auch abwechslungsreich, sofern die Vorräte es zuließen. Das erforderte beim Kochen ohne umfangreiches Küchenequipment hohe Kreativität und Flexibilität. So wurden Zutaten, die nicht verfügbar waren, durch etwas Ähnliches ersetzt. Als Beilagen dienten meistens Brot oder Fladen.

Leckeres Essen stellte in der Wildnis oft den einzigen Luxus dar.

Hitzequellen

Seine Mahlzeit am offenen Feuer zuzubereiten und unter dem Sternenhimmel zu genießen, ist sicherlich die romantischste Vorstellung vom Leben in der freien Natur. Für viele Pioniere und Indianer war das eher eine zur Lebensweise gehörende Realität, die bei ihren naturverbundenen Nachfahren in der Freizeit immer noch großen Zuspruch erlebt.

So findet man in Nordamerika auf vielen Rastplätzen sowie auf fast jedem Campground in den Naturparks neben den sehr großzügig angelegten Stellplätzen einen Tisch mit Sitzbänken und einen fest eingebauten Grill – entweder am Boden oder in bequemer Höhe. Er ist meist groß genug, um ein kleines Lagerfeuer zu ermöglichen. Auf dem zugehörigen Grillrost kann man nicht nur seine Steaks oder Grillpäckchen zubereiten, sondern, wenn man über das richtige Kochgeschirr verfügt, Mahlzeiten jeder Art. Vom rustikalen Frühstück bis hin zum Eintopf oder sogar Kuchen in der Pfanne.

In Europa ist so etwas eher selten zu finden, sodass Camper nicht nur Tisch und Stühle selbst dabei haben sollten, sondern ebenfalls eine entsprechende Kochgelegenheit. Ebenso ist in Europa offenes Feuer auf dem Boden fast nirgendwo gestattet, doch ein umfunktionierter Grill oder eine Feuerschale mit Beinen können eine Alternative sein, um einen Lagerfeuer-Effekt zu erzeugen. Ein Grill oder eine Feuerschale mit Grillrost kann zudem auch als Hitzequelle für entsprechendes Kochgeschirr dienen, sodass kein weiterer Kocher nötig ist. Was in Bezug auf offenes Feuer tatsächlich zulässig ist, steht in der jeweiligen Campingplatzordnung, die von Land zu Land und auch von Platz zu Platz sehr unterschiedlich ausfallen kann.

Wohnwagen- und Wohnmobil-Camper verfügen über eine kleine eingebaute Küche mit den wichtigsten Gerätschaften. Ebenso einige derer, die im Campingbus unterwegs sind. Für die anderen gilt es, die für ihre Reise passenden Kochgelegenheiten zu finden. Heutzutage steht eine Vielzahl an Campingkochern in den verschiedenartigsten Ausführungen zur Verfügung.

Am beliebtesten ist sicherlich der ein- oder zweiflammige ***Gaskocher***. Denn neben der einfachen Bedienung verfügt er über eine gute Hitzeregulierung und ist überall, auch abseits von Campingplätzen, einsetzbar.

Sie lassen sich auch auf kleinstem Raum verstauen, da die Auswahl an verschiedenen Klappmodellen heutzutage kaum Wünsche offen läßt.

Die Größe in Bezug auf Flammenanzahl und Gasflasche hängt von Kochgewohnheiten, Personenanzahl und dem jeweiligen Beförderungsmittel ab. Nicht alle Gaskocher sind für längeres Köcheln ausgelegt. Eine kleine Gaskartusche macht schnell mal schlapp. Zudem sind Einwegkartuschen im Gegensatz zu den größeren umtauschbaren Gasflaschen relativ teuer und nicht überall zu kaufen.

Benzinkocher leisten in bestimmten Camping-Situationen gute Dienste, sind allerdings nicht ganz so einfach zu bedienen. Den Brennstoff mit hohem Heizwert kann man weltweit kaufen, er riecht jedoch sehr stark und der Kocher muss nach der Benutzung immer gründlich gereinigt werden. Das gleiche gilt für ***Petroleumkocher***, die nicht so feuergefährlich sind wie Benzinkocher und deshalb gerne auf Booten verwendet werden. Sie riechen vor allem beim Anzünden sehr unangenehm. ***Spirituskocher*** sind einfach zu bedienen, aber nur wenig regulierbar und eher zum Erwärmen von Speisen als zum Kochen geeignet.

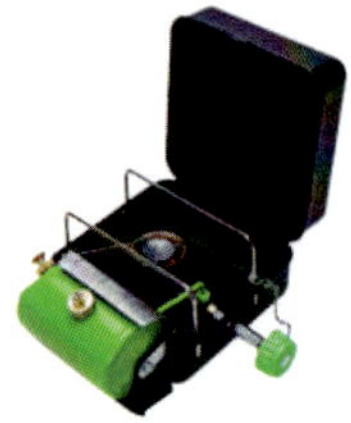

Eine Alternative bei den kleineren Kochern ist der ***Hobo-Kocher***. Er wurde nach den nordamerikanischen Wanderarbeitern, den Hobos, benannt, die während der Großen Depression auf Güterzügen durch das Land zogen. Sie benutzten ihn als Herd und Heizung. War der ursprüngliche Hobo-Kocher eine leere Konservendose mit seitlichen Löchern, die einen Kamineffekt erzeugte, wird die Bezeichnung heute für industriell gefertigte, häufig zusammenklappbare Varianten, die nach demselben Prinzip arbeiten, verwendet. Als Brennstoff dienten damals wie heute Holz oder auch Zapfen. Der Betrieb von Holzkochern auf einem Campingplatz oder in der Natur wird vereinzelt weniger streng gesehen. Trotzdem birgt es die gleichen Gefahren wie ein offenes Feuer, sodass dieselben Vorsichtsmaßnahmen für den Brandschutz zu treffen sind.

Für alle Hitzequellen mit offener Flamme empfiehlt es sich, im Windschutz des PKWs, Zeltes oder was sich sonst gerade anbietet, zu kochen, da sich ansonsten bei stärkerem Wind der Garvorgang unberechenbar verlängern kann. Ein Windschutz aus Pappe oder Aluminium für das Kochen mit offener Flamme im Außenbereich kann hilfreich sein.

Die Nahrungszubereitung über dem offenen Feuer ist eine seit Jahrtausenden praktizierte, sehr ursprüngliche Methode, Lebensmittel zu garen. Bei Campern nimmt der Grill eine Sonderstellung ein. Er ist für viele unverzichtbar bei der Open-Air-Essenszubereitung, insbesondere bei Wochenendausflügen. Welche Art von Grill in welcher Größe oder von welchem Gewicht mitgenommen werden kann, hängt vom verfügbaren Platz im Beförderungsmittel sowie in der Unterkunft ab. Die diesbezügliche Auswahl, auch in Bezug auf den Preis, ist mittlerwei-

le sehr vielfältig. Das Angebot reicht von großen Grills mit Haube bis hin zu kleinen Klappgrills, die in fast jedes Gepäck passen. Die Unterschiede zwischen den vielen Modellen und den jeweiligen Befeuerungsarten schlagen sich in der vorgesehenen Gebrauchsweise nieder.

Ein ***Elektrogrill*** verlangt einen Stromanschluss und ist daher nur auf einem Campingplatz mit entsprechenden Möglichkeiten verwendbar. Er kommt am häufigsten als Tischgrill zum Einsatz und dient eher der Nahrungszubereitung als der Stimmungsförderung, belästigt aber die Nachbarn nicht.

Ein ***Gasgrill***, der im Großen und Ganzen wie ein Gasherd funktioniert, ist ebenso wie ein Elektrogrill innerhalb kürzester Zeit betriebsbereit. Verfügt man aus Platzgründen nur über eine Gasflasche für Gaskocher und Grill, muss diese notfalls umgeschraubt werden. Im Gegensatz zum Holzkohlegrill lässt sich die Temperatur direkt regeln. Viele Modelle mit Haube verfügen zudem über ein Thermometer.

Die beliebteste und ursprünglichste Art des Grillens ist zweifellos die mit Holzkohle. Allerdings benötigt ein ***Holzkohlegrill*** etwa 30 Minuten an Vorlaufzeit, da die Kohle erst ordentlich durchglühen muss, um genügend Hitze zum Grillen zu erzeugen. Ein Holzkohlgrill hat den Vorteil, dass man den Brennstoff fast überall kaufen und notfalls sogar auf Holzscheite oder unter-wegs gesammelte dicke Äste zurückgreifen kann. Wegen des möglichen Funkenflugs ist dieser Grill nicht überall erlaubt. Bereits beim Kauf sollte aus Sicherheitsgründen auf hohe Standfestigkeit geachtet werden, die nicht bei allen preisgünstigen Modellen gewährleistet ist.

Neben den verschiedenen Befeuerungsarten entscheiden beim Grill nicht nur die Größe sondern auch die Art – mit oder ohne Deckel – über das Spektrum der Verwendungsmöglichkeiten. Bei einem offenen Grill (direktes Grillen bei 200 – 340 °C) wird das Grillgut auf einen Rost direkt über die Hitzequelle gelegt und muss gewendet werden. Gut geeignet für Kurzgegrilltes wie Koteletts, Steaks, Würstchen, Hamburger und kleine Fische.

Ein Grill mit Haube lässt nicht nur das Grillgut von allen Seiten gleichmäßig garen, sondern kann sogar als Backofen verwendet werden. Bei diesem indirekten Grillen (160 – 180 °C) liegt das Grillgut über dem nicht beheizten Teil. Dadurch wird mit reduzierter Hitze gegrillt. Diese Garmethode, die je nach Größe des Grillgutes etwas mehr Zeit in Anspruch nimmt, eignet sich sehr gut für größere Fleischstücke wie Rippchen oder ganze Hähnchen, da das Fleisch so komplett durchgegart wird, ohne zu verbrennen. Es empfiehlt sich, eine Auffangschale unter das Grillgut zu stellen.

Beim Garen im Grill (100 – 160 °C) befindet sich die Hitzequelle ebenfalls nicht direkt unter dem Grillgut. Die Temperatur ist sehr niedrig und die Garzeit dauert entsprechend länger, sodass ein ausreichender Holzkohle- oder Gasvorrat vorhanden sein sollte.

Ein ***Lagerfeuer***, ob am Strand, vor einer Hütte oder auf einer Wiese, ist immer ein besonderes Erlebnis. Doch leider aufgrund von Gesetzen nicht überall realisierbar, schon gar nicht auf Campingplätzen.

Während auf den Campgrounds in Nordamerika ein Grill, der sich ebenfalls als Lagerfeuer nutzen lässt, fast unabdingbar ist, sucht man in Europa meist vergebens danach.

Eine ***Feuerschale*** kann Abhilfe schaffen. Neben der durch das Feuer erzeugten Romantik ist es möglich, auf verschiedene Weisen seine Mahlzeiten darauf zuzubereiten. Sei es direkt in der Glut, auf aus nassen Ästen gefertigten Spießen oder auf einem darüber gestellten Grillrost, auf dem man Pfannen oder Töpfe platzieren oder auch grillen kann. Selbst ein Schwenkgrill passt darüber. Ebenso wie für die Holzkohlegrills hat man für Feuerschalen transportfreundliche Varianten mit wegklappbaren Beinen entwickelt.

Kühlung

Während Wohnmobile, Wohnwagen und oft auch Camping-Busse über einen kleinen Kühlschrank verfügen, bietet sich für den Camper mit PKW und Zelt eine elektrische Camping Kühlbox als praktische Lösung an. Sinnvollerweise eine, die sowohl über einen 230V-Anschluss als auch über einen 12V-Anschluss verfügt, sodass die Kühlbox entweder über die 12V-Steckdose im PKW (Zigarettenanzünder) oder über den 230V-Anschluss am Stromnetz betrieben werden kann. Einige modernere PKW verfügen zusätzlich über eine 230V-Steckdose, deren Leistung jedoch lediglich der des 12V-Anschlusses entspricht. Der Lüfter der Kühlbox sollte sich im Deckel befinden, damit die Box beim Transport im Auto zwischen das Gepäck gestellt werden kann.

Bei der Nutzung im Auto ist es sinnvoll, die Kühlbox wenn möglich zwei bis drei Stunden über den 230V-Anschluss mit Hausstrom vorzukühlen und das kalte Kühlgut und, falls vorhanden, auch Kühlakkus vor der Abfahrt hineinzulegen. Denn die Kühlleistung verringert sich bei Anschluss im PKW, da hier die Netzspannung wesentlich schwächer ist als am Stromnetz.

Während der Fahrt wird die Autobatterie durch die Lichtmaschine geladen, womit die Nutzung der Kühlbox kein Problem darstellt. Die meisten PKWs geben bei ausgeschalteter Zündung keinen Strom ab oder nur im vorderen 12V-Anschluss. Einige ältere Modelle schalten sich unter Umständen gar nicht ab, sodass man morgens mit leerer Batterie dastehen könnte. Daher ist es sinnvoll, bei längeren Aufenthalten, insbesondere nachts, die Kühlbox abzuhängen. Am Stromnetz angeschlossen, erzielt sie dann selbst in wärmeren Ländern bis zum Morgen zufriedenstellende Kühlergebnisse.

Eine normale Kühlbox mit Kühlakkus hält die Kälte nicht lange, sodass sie sich eher für Wochenendaufenthalte eignet. Eingefrorene Wasserflaschen – nur zu ¾ gefüllt, damit sie nicht platzen – sind ideale Kühlelemente, denn aufgetaut dienen sie als Trinkwasser. Auch eingefrorenes Grillgut übersteht so eine Kurzreise gut.

In Nordamerika erhält man Kühlboxen unterschiedlichster Größen in jedem Supermarkt, genauso wie man große Beutel mit Eiswürfeln oder sogar Blockeis an fast jeder Tankstelle kaufen kann. Dagegen sieht es insbesondere in Nordeuropa mit der Eiswürfelbeschaffung nicht ganz so gut aus. Lebensmittel sollten in eiswürfelbestückten Kühlboxen so gepackt werden, dass sie nachher nicht im Eiswasser schwimmen. Man kann sie in offenen Plastikboxen auf die Eiswürfel stellen oder die Eiswürfel in einen oder mehrere wasserdichte Beutel packen.

Schwieriger wird es, wenn man über keinerlei Kühlung verfügt. Ist ein kühler Bach in der Nähe, kann man die entsprechenden Getränke oder Lebensmittel wasserdicht verpackt dort kühlen. Ist kein geeigneter Bach in der Nähe, bleibt noch die Nutzung der Verdunstungskälte. Dazu wickelt man Getränkeflaschen oder ähnliches Kühlgut in ein nasses Tuch und stellt sie an einen schattigen, zugigen Ort, beispielsweise unter das Auto. Lebensmittel kann man in eine Schüssel legen und mit einem nassen Geschirrtuch bedecken.

Je nachdem, wo man sich befindet, bleibt auch die Möglichkeit, ein kleines Loch für einen „Erdkühlschrank“ zu graben, der ebenfalls mit einem nassen Tuch bedeckt wird. Nicht vergessen sollte man, dass sich vielleicht Krabbeltiere oder sonstiges Getier für die Lebensmittelvorräte interessieren könnten, sodass es sinnvoll ist, entsprechende Vorsorge zu treffen.

Campingtipps und Packlisten

In alten Zeiten hatten Cowboys immer eine Pfanne in der Satteltasche. Sie diente anfangs als Teigschüssel, wurde dann ausgewaschen und anschließend fürs Backen eingefettet, um das Brot darin zu backen. Danach wurden, während die Brote abkühlten, Speck und Eier in der gleichen Pfanne gebraten.

Bei einem Campingurlaub bestimmen Transportmöglichkeit und Platzangebot, was mitgenommen werden kann. Während Wohnwagen- und Wohnmobilbesitzer meist über entsprechende Schränke verfügen, wird es im Campingbus schon enger und Zelturlaubern mit PKW stehen meist nur entsprechende Boxen zum Verstauen ihrer Utensilien zu Verfügung. Wer mit Rucksack gar zu Fuß oder auf dem Fahrrad unterwegs ist, wird versuchen, nicht nur das Volumen, sondern auch das Gewicht des Reisegepäcks möglichst gering zu halten.

So muss sich unter den modernen Nomaden vor allem der Zelturlauber bei der Nahrungszubereitung der Herausforderung stellen, mit eingeschränkten Möglichkeiten etwas Leckeres zu zaubern. Mit dem Wohnwagen, Wohnmobil oder PKW unterwegs, macht es platzmäßig keinen allzu großen Unterschied, ob man schwere Pfannen und Töpfe mitnimmt oder leichtere. Spezielles Camping-Leichtgeschirr lässt sich zwar meistens platzsparend ineinander stellen, allerdings ist die Wärmeleitung nicht ganz so gut. Der Rucksack- oder Fahrrad-Camper wird sich trotz dieses Nachteils notgedrungen eher dafür entscheiden müssen.

Pfannen und Töpfe aus schwereren Materialien brauchen zwar länger, bis sie heiß sind, können aber die Temperatur, ist sie erst einmal erreicht, hervorragend über eine längere Zeit aufrechterhalten. Dazu wird die Hitze gleichmäßig an das Gargut abgegeben. Gusseiserne oder schmiedeeiserne Kochgeräte sind für das Garen auf offenem Feuer eher geeignet als andere und besitzen eine höhere Wärmeleitfähigkeit als solche aus Edelstahl und die Fähigkeit, mehr Wärme zu speichern als die aus Aluminium. Fast alle Rezepte dieses Buches, die in geschlossenen Pfannen oder Töpfen zubereitet werden können, sind auch für den *Dutch Oven* geeignet. Allerdings können die Garzeiten durch seine spezielle Befeuerung erheblich abweichen. Deshalb wird auf den Dutch Oven, der unzweifelhaft zur Pionierküche dazugehört, in diesem Buch nicht extra eingegangen.

Die Auswahl des Geschirrs – Keramik oder ein leichteres Kunststoff- oder Emaillegeschirr – richtet sich ebenfalls nach der Campingart. Das Gleiche gilt für Gläser, wobei notfalls ein altes Senfglas sicherlich gute Dienste leistet, denn nicht jeder trinkt gerne Wein oder Sekt aus einem Kunststoffglas oder gar Emaillebecher. Da die Mahlzeiten in der Regel im Freien eingenommen werden, sollte man auf allzu leichtes Geschirr verzichten. Schnell weht der Wind einen leeren Teller oder ein fast leeres Glas vom Tisch.

Neben der Zusammenstellung der im Gepäck unterzubringenden Gegenstände gilt: Je geringer der Platz, umso sorgfältiger muss gepackt werden. Gut durchdachte, auf die jeweilige Situation abgestimmte Packlisten garantieren, dass nichts vergessen wird. Ob es sich nun um Lebensmittel, Küchengerätschaften, Werkzeuge oder andere notwendige Utensilien handelt. Die weiter unten folgenden Vorschlags-Listen sollen helfen, die eigenen Packlisten für das Campinggepäck individuell anzupassen und notfalls zu ergänzen.

Als sehr praktisch erweisen sich für Vorräte und viele andere nötige Dinge stapelbare Boxen, sei es nun mit oder ohne Deckel, die von der Höhe her eventuell unters Auto

passen und dort regensicher untergestellt werden können.

Eine Liste „Was liegt wo?“ oder auch die Beschriftung der Boxen erleichtern das Auffinden benötigter Utensilien ohne große Wühlerei. Des Weiteren sollten alle wichtigen Gegenstände ihren festen Platz auf der Reise haben. So hielten es schon die Pioniere mit ihrem Chuck Wagon, dem Küchen- und Vorratswagen. Es gab nicht nur genaue Listen, was mitgenommen werden musste, sondern die Wagen waren so konstruiert, dass jedes Teil seinen festen Platz hatte. Von der Bettrolle des Kochs über Lebensmittel und Werkzeuge bis hin zum Wasserfass.

Sowie damals sollte auch heute beim Campen jeder Handgriff sitzen, ob es nun beim abendlichen Auspacken oder bei der morgendlichen Weiterfahrt ist. Das ermöglicht, insbesondere bei Reisen mit Zwischenübernachtungen oder wechselnden Standplätzen, alles in kürzester Zeit aufzubauen, sodass man sich von der Fahrt erholen kann. Bei mehreren Mitfahrern, auch bei Familien mit Kindern, können jedem für die gesamte Reise bestimmte Aufgaben zugewiesen werden, sodass jeder einzelne sich ohne weitere Anweisungen in das Urlaubs-Team einbringen kann.

Haushalts- und Camping-Utensilien

Die Allround-Stars für die Outdoor-Küche sind *wiederverschließbare Gefrierbeutel* in verschiedenen Größen. Sie eignen sich nicht nur bestens zur Aufbewahrung angebrochener Lebensmittel oder kleinerer Haushaltsutensilien, sondern ebenso zum Marinieren von Fleisch, falls man dafür kein entsprechend großes Gefäß dabei hat. Stapelbare *Frischhalteboxen* können helfen, den übermäßigen Gebrauch von *Frischhaltefolie* zu vermeiden. Auch faltbare Stoffeinkaufsbeutel helfen, Plastikmüll zu reduzieren.

Anstatt mit *Alufolie* kann man Fisch oder anderes Grillgut in Blätter einwickeln, z. B. in Mais-, Bananen- oder Chinakohlblätter. Diese müssen jedoch vor dem Einwickeln etwa eine halbe Stunde gewässert werden. Auch Butterbrotpapier ist bedingt geeignet. Das fertige Paket sollte vor dem Grillen noch kurz in Wasser getaucht werden, wobei die Flüssigkeit nicht ins Innere des Paketes laufen darf.

Clips für Chips-Tüten und andere können durch 8 cm lange *Gefrierbeutel-Binder* ersetzt werden. Damit lassen sich ebenso Ladekabel für Elektrogeräte gut zusammenbinden, damit sie nicht verwuseln. Ein *Universaltaschenmesser* mit Dosenöffner, Korkenzieher, Schraubendreher und anderem ist bei Platzmangel ideal, auch wenn der Gebrauch nicht ganz so komfortabel ist wie bei den originalen Geräten. Ein *kleines Handtuch* und *kleine Seife* sollten immer griffbereit und gut erreichbar im Auto liegen, ebenso wie *Toilettenpapier*. Eine *Tischdecke* und *Teelichter* oder eine andere *windgeschützte Kerze* sorgen am Abend für ein wenig Romantik.

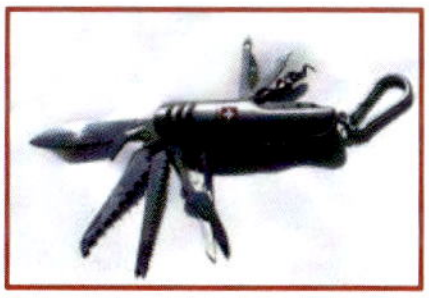

Hilfreich ist eine *Klappschaufel*, um bei Regen eine Schutzrinne um das mobile Domizil graben zu können, das Gefährt aus einem Sandloch zu buddeln oder einen „Erdkühlschrank“ auszuheben.

Eine undurchsichtige *Plastikplane* mit Ösen (3 oder 4 x 4 m) kann verschiedene gute Dienste leisten. Mit Zeltleine zwischen Bäumen und Fahrzeug befestigt lässt sie sich als Sonnen- oder Regenschutz verwenden. Zwei oder drei dazu gekaufte *Zeltstangen*, mit *Zeltleinen* und *Heringen* im Boden verankert, können nicht vorhandene Bäume ersetzen. Nachts kann man mit der Plane notfalls die oft flutlichtartige Beleuchtung der Campingplätze durch Abdecken des Schlafraumes etwas mildern.

Zusätzliche Zeltleinen und Spezialheringe für Sand- und Felsböden sowie für eine Sturmverspannung können bei Unwettern eventuell den Urlaub retten. Eine wasserundurchlässige Kunststoff-Abdeckhülle für Gartenmöbel schützt Tisch, Stühle und alles, was nachts draußen bleiben muss, vor Regen und Nachtfeuchtigkeit.

Zwei oder drei kleine *LED-Taschenlampen* gut verteilt und immer griffbereit, können im Notfall hilfreich sein. Neben einer *strombetriebenen Campinglampe* zum Aufhängen empfiehlt es sich auch, eine *stromunabhängige Lampe* im Gepäck zu haben, falls der Strom ausfällt, was häufiger vorkommt, als man denkt. Eine

Kabelrolle entsprechender Länge mit mehreren Steckdosen für Licht, Kühlbox und anderes sollte ebenfalls an Bord sein. Nicht alle Campingplätze verfügen im Stromkasten über eine normale Schuko-Steckdose, sondern erfordern manchmal einen dreipoligen CEE-Stecker, der dort eingesteckt wird und auf der anderen Seite eine Schuko-Buchse für die Kabelrolle besitzt. Die umgekehrte Variante davon benötigen Wohnmobil- und Wohnwagenbesitzer, wenn im Stromkasten nur Schuko-Steckdosen vorhanden sind.

Ein einfacher Werkzeugkasten mit Werkzeug und sonstigen nützlichen Kleinigkeiten, die für die jeweilige Reise von Nutzen sein könnten, ist eine sinnvolle Ergänzung der Ausrüstung.

Obwohl jeder im PKW einen *Verbandkasten* besitzt, sollte dieser um einige Dinge ergänzt werden, die standardmäßig nicht unbedingt darin zu finden sind. Unfälle, und sei es nur ein böse aufgeschlagenes Knie, passieren meist irgendwo im Abseits. Da hilft es wenig, sich in einem Land zu befinden, in dem man überall Entsprechendes kaufen kann, wenn gerade jetzt die *Pinzette*, um einen Splitter oder Dorn zu entfernen, oder eine elastische Bandage für den verletzten Knöchel fehlt. Dazu leisten selbsthaftende Bandagen zur Fixierung von Wundabdeckungen gute Dienste, ebenso wie *Wund-Desinfektionsspray* und eine *Wundsalbe* bei einer Verletzung zur Erstversorgung sehr hilfreich sein können.

Mückenschutz sollte nicht vergessen werden. Zu bedenken ist allerdings, dass nicht jedes Mückenschutzmittel überall auf der Welt wirkt. Häufig ist es sinnvoller, vor Ort das dort gebräuchliche zu kaufen. Ein Mittel wie *Fenistil-Gel* oder Ähnliches, welches das Anschwellen sowie Entzündungen nach einem Stich verhindert, gehört ebenfalls in die Reiseapotheke.

So könnte beispielsweise die Planung der Gepäckunterbringung in der Mulde des Reserverades eines PKW aussehen. Sind die Boxen von oben beschriftet, lässt sich alles problemlos finden. Je weniger Stauraum, umso präziser muss gepackt werden.

Reserverad-Mulde – Breite 65 cm – Tiefe 60 cm – Höhe 28 cm

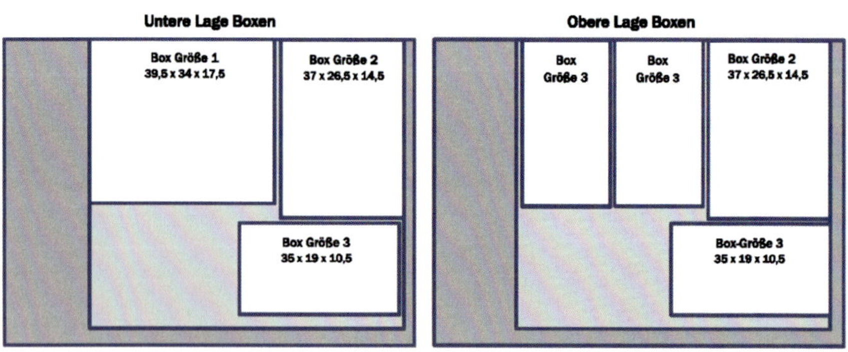

Proviant

Natürlich ist es in der heutigen Zeit durchaus möglich, Fehlendes vor Ort oder unterwegs zu kaufen. Je nach Region liegt jedoch manchmal ein oder zwei Tage lang kein größerer Supermarkt auf der Strecke. Fällt erst abends am Standplatz auf, was man dringend sofort benötigt, wird es schwierig, wenn der Shop am Campingplatz oder der Laden des nahegelegenen Dorfes ein eher übersichtliches Sortiment führt oder man als Wildcamper im Abseits steht. Hat man bereits den Wohnwagen abgekoppelt oder Wohnmobil und Campingbus „übernachtungsfertig" hergerichtet, ist die Motivation, nochmal extra irgendwohin loszufahren, recht gering.

Ein paar mehr Zutaten als nur Salz, Pfeffer, Essig und Öl dabei zu haben, erleichtert den Einkauf auf regionalen Märkten enorm. Schnell ist dann eine passende Gewürzbutter oder auch Sauce zubereitet, egal ob für Gemüse, Fleisch oder Fisch, ob gegrillt oder gebraten. Gewürzmischungen aus diesem Buch kann man bereits daheim vorbereiten und in eine leere Gewürzdose füllen. Davon profitieren nicht nur Allergiker sondern ebenso der Geldbeutel, denn fertige Mischungen sind meist unverhältnismäßig teuer. Wer zuhause ein kleines Kräuterbeet besitzt, kann beispielsweise Oregano, Thymian oder auch andere Kräuter trocknen und mitnehmen, wenn er nicht darauf vertrauen will, einzelne Stängel frisch unterwegs kaufen zu können.

Senf, Mayonnaise, Tomatenmark und Ähnliches in der Tube sind nicht nur platzsparend, sondern erleichtern die Dosierung. Außerdem bleibt der Inhalt vor Luft geschützt und ist dadurch auch ohne Konservierungsstoffe lange haltbar. Aus Tomatenmark lässt sich schnell eine →*Tomatensuppe* oder eine →*Tomatensauce* herstellen.

Mehl, Zucker und andere Artikel dieser Art sollten im Schraubglas oder in einer Dose mitgenommen werden, damit sie nicht feucht werden oder Ungeziefer anlocken. Ist Platz genug vorhanden, kann man als Notreserve einige Konserven mitnehmen, ergänzt durch Nudeln oder Reis als Beilage.

Dauerwurst stellt ebenfalls eine gute Vorrats-Ergänzung dar. Es ist ein Oberbegriff für luftgetrocknete und geräucherte Wurst, die auch ohne Kühlung eine gewisse Zeit haltbar ist. Dazu gehören Salami, Cabanossi, Landjäger sowie andere Sorten.

Was man letztlich einpackt, beispielsweise welche Essig- oder Ölsorte, obliegt dem persönlichen Geschmack sowie dem vorhandenen Platz.

Packliste Haushalt

Besteck und anderes pro Person

4-teiliges Besteck
flacher Teller – groß und klein
Suppenteller
Salat-/Nachtisch-Schüssel
Frühstücksbrett
Trinkbecher
Glas

Kochgeschirr und mehr

Topf/Töpfe mit Deckel
Pfanne mit Deckel
Messbecher Cup + Liter
Messlöffel-Set ineinandersteckbar
Salatschüssel
Abgießsieb
Suppenkelle
Großer Löffel/Kochlöffel
Pfannenwender
Schneidebrett
Reibe/Raspel
Schneebesen
Zitronenpresse
Grillzange
Brotmesser
Kochmesser
Tomatenmesser
Gemüsemesser
Spargelschäler

Zubehörbox

Universaltaschenmesser
Dosenöffner
Flaschenöffner
Flaschenverschluss
Korkenzieher
Clips für Tüten und Beutel
Gefrierbeutel-Binder
Streichhölzer/Feuerzeug
Küchenschere
Pinsel für Marinaden und Öl

Haushaltskiste

Toilettenpapier
Haushaltsrolle
Alufolie
Klarsichtfolie
Müllbeutel
Gefrierbeutel – wieder verschließbar
Spülbürste oder Spülschwamm
Wischtücher
Spülmittel
Geschirrhandtücher
Faltbare Stoff-Einkaufsbeutel
Frischhalteboxen – stapelbar

Sonstiges

Kleines Handtuch + kleine Seife
Abwaschschüssel
Tischdecke
Teelichter
Mückenkerze
Campinglampe ohne Strom
Campinglampe für Strom
Kabelrolle etwa 20 – 25 m
CEE-Stecker
2 – 3 LED-Taschenlampen
Schutzplane und Zeltstangen
Zeltleinen
Heringe + Gummihammer
Abdeckhülle für Tisch + Stühle

Verbandskasten Ergänzung

Pinzetten Sortiment
Elastische Bandage breit
Selbsthaftende Bandagen
Wund-Desinfektionsspray
Wundsalbe
Mückenschutz
Fenistil-Gel oder Ähnliches

Packliste Lebensmittel

Allgemeines

Balsamico-Essig oder anderer
Olivenöl oder anderes
Tabasco
Ketchup
Chili-Sauce
Fleischbrühe – Pulver/Würfel
Gemüsebrühe – Pulver/Würfel
Backpulver
Natron
Vanillezucker
Ahornsirup zum Süßen
Honig
Kakaopulver
Milchpulver
Zucker im Glas
Weizenmehl
Maismehl
Kaffee
Tee
Dauerwurst

Am besten in der Tube

Senf
Mayonnaise
Tomatenmark – 2-fach konzentriert
Meerrettich
Remoulade

Gewürze

Pfeffer in Gewürzmühle
Salz
Cayenne-Pfeffer
Chili – Schärfe nach Geschmack
Paprika-Pulver süß und scharf
Muskatnuss
Zimt
Piment (Allspice)
Eigene Gewürzmischung

Gewürze getrocknet

Oregano
Majoran
Basilikum
Thymian
Rosmarin

Wasser in Flaschen oder im Kanister

Notreserve

Corned Beef
Würstchen in der Dose
Thunfisch in der Dose
Sardinen in der Dose
Nudeln
Reis

Cup

Ein nützlicher Helfer der Outdoor-Küche

Das nordamerikanische Volumenmaß Cup (Tasse) stammt noch aus der Zeit der Besiedlung Nordamerikas. Man behalf sich beim Abwiegen von Lebensmitteln mit Löffeln und einem Becher, da man beides ohnehin immer mit sich führte.
Ein Cup (Tasse) entspricht 236,59 ml Wasser oder Milch. Jedoch lässt sich ein Cup nicht einfach in Milliliter oder Gramm umrechnen, da das spezifische Gewicht (Dichte) einzelner Stoffe unterschiedlich groß ist. Diese Dichte wird anhand einer physikalischen Formel aus dem Verhältnis der Masse zum Volumen ermittelt. Jeder weiß, dass eine Tasse voll Federn leichter ist als eine Tasse voll Bleikugeln. So besitzen beispielsweise auch Mehl und Zucker jeweils eine unterschiedliche Dichte. Das heißt: Zwei Zutaten der gleichen Volumenmenge (Cups) können ein gänzlich unterschiedliches Gewicht auf die Waage bringen.
Die folgende Tabelle enthält die Umrechnungswerte, mit denen man grob die Gegenwerte in Gramm oder Milliliter ermitteln kann. Eine kleinere Ungenauigkeit bei trockenen Zutaten bleibt wegen des unterschiedlichen Volumens bestehen, was jedoch die Gerichte kaum beeinträchtigt. Deshalb sind die Angaben etwas gerundet.
Notfalls kann man sich, wenn nichts anderes zur Verfügung steht, auch mit Teelöffeln und Esslöffeln behelfen – bei größeren Mengen allerdings ein recht mühsames Unterfangen. Ein Messbecher, der neben europäischen Maßen ebenfalls eine Cup-Skala enthält, ein amerikanischer Cup-Messbecher oder ein ineinandersteckbares Messlöffel-Cup-Set, die auch in Europa erhältlich sind, könnten daher bei einer Camping-Reise hilfreich sein.

Umrechnungstabelle

Cup	Esslöffel	Teelöffel	ml	Gramm	Gramm
			Flüssigkeiten	Volumenreiches Mehl, Puderzucker	Festeres Zucker, Fette
4	64 EL	192 TL	960 ml	480 g	900 g
3	48 EL	144 TL	720 ml	360 g	675 g
2	32 EL	96 TL	480 ml	240 g	450 g
1 3/4	28 EL	84 TL	420 ml	210 g	395 g
1 1/2	24 EL	72 TL	360 ml	180 g	340 g
1 1/4	20 EL	60 TL	300 ml	150 g	280 g
1	16 EL	48 TL	240 ml	120 g	225 g
3/4	12 EL	36 TL	180 ml	90 g	170 g
2/3	10,5 EL	32 TL	160 ml	80 g	150 g
1/2	8 EL	24 TL	120 ml	60 g	115 g
1/3	5 EL	16 TL	80 ml	40 g	75 g
1/4	4 EL	12 TL	60 ml	30 g	55 g
1/8	2 EL	6 TL	30 ml	15 g	30 g
1/16	1 EL	3 TL	15 ml	8 g	15 g

Maßeinheiten und Abkürzungen

TL - Teelöffel - 5 ml
EL - Esslöffel - 15 ml - 3 TL
g - Gramm
kg - Kilogramm - 1.000 g
l - Liter - 1.000 ml
ml - Milliliter

Msp - Messerspitze
P - Päckchen
handelsübliche Größe z. B.:
- Vanillezucker = 8 g
- Backpulver = 15 g

Wenn nicht anders angegeben, sind die Zutaten der Gerichte für vier Personen gedacht.

Dosengrößen

Die Konservendose, eigentlich erfunden, um Soldaten auf ihren langen Märschen zu verpflegen, wurde bereits 1810 patentiert. Sie wurde jedoch erst nach Erfindung des Dosenöffners 1855 zu einer richtigen Erfolgsgeschichte.

kleine Dose	unter 300 ml
mittlere Dose	300 - 500 ml
große Dose	500 - 800 ml

Temperaturen und Garzeiten

Die für ein Gericht tatsächlich benötigte Temperatur und Garzeit hängt von der jeweiligen Hitzequelle (Gaskocher, Elektroplatte, Gasgrill, Holzkohlegrill, Lagerfeuer oder auch Dutch Oven) ab. Daher handelt es sich bei den Angaben von Temperatur und Garzeiten in den Rezepten um Richtwerte, die über- oder unterschritten werden können. Das benutzte Kochgeschirr beeinflusst ebenfalls die Garzeiten. So leiten schwere Gusstöpfe und -pfannen die Wärme wesentlich besser als leichtere und sind weniger außentemperaturabhängig.

sehr niedrige Hitze	125 - 150°C
niedrige Hitze	150 - 165°C
gemäßigte Hitze	165 - 190°C
mittlere Hitze	190 - 205°C
heiß	205 - 230°C
sehr heiß	230 - 260°C

Temperaturen für Holzkohle- und Gasgrill

Hitze	Temperatur	Holzkohlengrill Aussehen der Kohle	Gasgrill Stufe 1 – 5	Hand-Test	geeignet für
niedrig	110 – 120°C	Kohlen glühen kaum noch und sind mit Asche bedeckt	Stufe 1	man kann die Hand für 11 – 14 Sekunden über den Grillrost halten	Indirektes Grillen warmhalten räuchern
gemäßigt	140 – 150°C	Kohlen glühen schwach und sind mit Asche bedeckt	Stufe 2	man kann die Hand für 9 – 10 Sekunden über den Grillrost halten	Indirektes Grillen warmhalten räuchern
mittel	160 – 175°C	Kohlen glühen noch orange und sind leicht mit Asche überzogen	Stufe 3	man kann die Hand für 6 – 8 Sekunden über den Grillrost halten	Indirektes Grillen Direktes Grillen dickerer Fleischstücke z. B. halbes Hähnchen
heiß	190 – 210°C	Kohlen glühen orange und beginnen sich mit Asche zu überziehen	Stufe 4	man kann die Hand für 4 – 5 Sekunden über den Grillrost halten	Direktes Grillen dünnerer Fleischstücke, Meeresfrüchte und Gemüse Und Anbraten größerer Fleischstücke
sehr heiß	230 – 340°C	Kohlen glühen hellorange	Stufe 5	man kann die Hand für 2 – 3 Sekunden über den Grillrost halten	Direktes Grillen dünnerer und kleiner Fleischstücke, Meeresfrüchte und Gemüse.

Gargrade für verschiedene Fleischsorten

Gargrad		Konsistenz/Fingertest Rind + Schwein	Innentemperatur		
			Rind	Schwein	Geflügel
very rare	fast roh	Außen dünne, braune Kruste, innen roh, blutig und noch kalt. Bei Druck mit dem Finger fühlt es sich fast schwabbelig an.	45 – 50°C	gefährlich – nicht empfehlenswert	gefährlich – nicht empfehlenswert
rare	noch blutig	Außen dünne, braune Kruste, innen rot und lauwarm. Bei Druck mit dem Finger fühlt es sich sehr weich an.	50 – 55°C	gefährlich – nicht empfehlenswert	gefährlich – nicht empfehlenswert
medium rare	rosarot	Außen braune Kruste, innen Kern rosarot, aber mittelwarm. Bei Druck mit dem Finger gibt es leicht nach.	55 – 65°C	gefährlich – nicht empfehlenswert	gefährlich – nicht empfehlenswert
medium	halb durchgebraten	Außen braune Kruste, innen rosa und heiß. Bei Druck mit dem Finger gibt es nur noch noch wenig nach.	65 – 70°C	70 – 75°C	gefährlich – nicht empfehlenswert
medium well	fast durchgebraten	Außen braune Kruste, dünne rosa Linie im Center. Bei Druck mit dem Finger fühlt es sich fest an.	70 – 75°C	75 – 80°C	75 – 80°C
well done	ganz durchgebraten	Außen braune Kruste, innen durchgehend graubraun. Bei Druck mit dem Finger ist es hart. In Texas übernimmt bei diesem Gargrad niemand Verantwortung für die Zartheit des Fleisches.	75 – 85°C	80 – 90°C	80 – 90°C

Küchentipps

→ *Der Pfeil weist darauf hin, dass im Buch entsprechende Rezepte bzw. weitere Informationen zu dem genannten Begriff vorhanden sind.*

Beilagen – Zu vielen Gerichten dieses Buches wird nur Brot serviert. Vom Fladenbrot bis zum einfachen Weißbrot, was immer gerade da ist.

Brühe – Fleisch- oder Gemüsebrühe notfalls aus Brühpulver herstellen.

Chili – Vorsichtiges Dosieren gilt für alle Rezepte, in denen →*Chili* enthalten ist. Sollte das Essen zu scharf geraten sein oder man hat womöglich in eine →*Jalapeño* gebissen, hilft es, ein wenig Käse zu essen, da dieser die Schärfe neutralisiert. Notfalls helfen auch Milch oder Buttermilch. Die Schärfe ist hauptsächlich in den Samenkörnern enthalten, die vor der Verwendung entfernt werden müssen. Zum Entkernen die Chilischoten der Länge nach aufschlitzen und mit einem scharfen Messer die Kerne rauskratzen. *Da die Kerne teilweise brennend scharf sind, ist es unabdingbar, danach die Hände mit kaltem Wasser zu waschen und keinesfalls die Augen zu reiben!*

Getrocknetes Gemüse – Falls keine Zeit bleibt, getrocknetes Gemüse, wie Bohnen oder Mais, über Nacht einzuweichen, hilft folgendes Schnellverfahren: das Gemüse mit Wasser bedecken und aufkochen lassen. Anschließend mindestens eine Stunde lang quellen lassen.

Lorbeerblätter oder Gewürzzweige – Sollten immer vor dem Servieren entfernt werden. Sie geben dem Gericht zwar Würze, schmecken jedoch beim Draufbeißen unangenehm.

Mais – Mit Mais ist in diesem Buch immer Zuckermais gemeint. Sollen Körner anstatt Kolben verwendet werden, stellt man den Kolben senkrecht und schneidet mit einem scharfen Messer am Kolbenkern nach unten die Körner ab. Ein Maiskolben ergibt je nach Größe 120 bis 180 Gramm Maiskörner.

Pfeffer – Damit ist immer frisch gemahlener gemeint

Schnelles Marinieren – Falls es ganz schnell gehen soll: 8 Esslöffel Öl mit einer fertigen Gewürzmischung gut verrühren und das Fleisch in einem mit der Marinade gefüllten Plastikbeutel mindestens eine halbe Stunde einlegen.

Tomaten – Sie werden fast immer ohne Kerne und Haut verwendet. Dazu die Tomaten über Kreuz einritzen kurz in kochendes Wasser geben, abschrecken und enthäuten.

Tomatenmark – Aus Tomatenmark lässt sich notfalls schnell eine einfache →*Tomatensauce* zubereiten, die man über Nudeln gießen kann.

Zucker – Es handelt sich in diesem Buch um alte Originalrezepte, die eventuell für unseren Geschmack übersüßt sind, sodass man die Zuckerdosis meist nach Gusto reduzieren kann.

Zwiebeln – In Nordamerika werden gerne milde Zwiebeln wie die texanischen zum Kochen verwendet. Daher sollten für Gerichte aus diesem Buch möglichst milde Sorten gewählt werden, wie zum Beispiel die Spanische Gemüsezwiebel.

Zutaten ersetzen

In den Pionierzeiten war Einfallsreichtum in der Küche gefragt, wenn nicht alle Zutaten zur Hand waren. Was nicht da war, wurde durch etwas anderes ersetzt, auch wenn sich das Gericht dadurch geschmacklich etwas veränderte. Das gilt nicht nur für Fleisch, Fisch oder Gemüse, sondern ebenso für benötigte Zutaten wie Mehl oder Speck, der durch ein anderes Backfett ersetzt werden kann.
Hier ein paar Tipps, wie man sich notfalls behelfen kann:

Brauner Zucker	30 ml Melasse und 100 g Zucker
Buttermilch	240 ml Milch, 2 TL heller Essig oder Zitronensaft. Verrühren und bei Raumtemperatur 5 Minuten stehen lassen.
Cheddar-Käse	Alter Gouda oder Emmentaler
Essig	Durch Zitronen- oder Limettensaft ersetzen. Muss jedoch sparsamer angewandt werden.
Honig	Die doppelte Menge Zucker verwenden.
Knoblauch	Knoblauchgranulat oder Knoblauchpulver lassen sich wie Knoblauchzehen verwenden, wobei ein gehäufter Teelöffel etwa einer Knoblauchzehe entspricht.
Maismehl	Die doppelte Menge Weizenmehl verwenden.
Melasse	Notfalls durch Zuckerrüben- oder Ahornsirup ersetzen, was allerdings zu einer entsprechenden Geschmacksänderung führt.
Petersilie	Kann durch Karotten-Grün ersetzt werden.
Sahne und Chili	Durch Chili-/Jalapeño-Frischkäse ersetzen.
Sahne	Durch Frischkäse ersetzen.
Sauerrahm	240 ml Milch, 1 TL heller Essig und 1 gestrichener TL Soda. Verrühren und kurz stehen lassen.
Schokolade	60 g Kakao und 1 TL Öl
Sour Cream	240 ml Milch, 1 TL heller Essig und 1 gestrichener TL Soda. Verrühren und kurz stehen lassen.
Zuckersirup	60 g Zucker mit 480 ml Wasser vermischen und auf die Hälfte der Flüssigkeit zusammenkochen lassen.
Zwiebeln	Zwiebelgranulat oder Zwiebelpulver notfalls anstelle frischer Zwiebeln verwenden. Ein Teelöffel Zwiebelgranulat oder Zwiebelpulver entspricht etwa der Menge von 1½ Esslöffeln gehackter frischer Zwiebeln.

Wenn keine frischen Kräuter zur Hand sind:

1 Esslöffel frische Kräuter = 1 Teelöffel getrocknete Kräuter
1 Esslöffel frische Kräuter = ⅓ Teelöffel Kräuterpuder
Das ist natürlich nur eine Faustformel, da sich die Strukturen der einzelnen Kräuter etwas unterscheiden.

Ingredienzien

Backsoda – Natriumhydrogencarbonat, Natron, oder einfach nur Backsoda, ist ein erstaunliches Hausmittel mit vielfältigen Einsatzmöglichkeiten, wie schon unsere Großmütter wussten. Es wird bereits seit 1846 kommerziell in Amerika hergestellt. Natron ist neben Säure ein wichtiger Bestandteil des Backpulvers. Man kann zwar problemlos Natron durch Backpulver ersetzen, aber nicht umgekehrt, da Natron erst durch den Zusatz von Säure zum Treibmittel wird. Ist in einem Teigrezept keine säurehaltige Zutat enthalten, kann dies mit etwas Zitronensaft, Buttermilch, Essig oder ähnlichem ausgeglichen werden.

Brauner Zucker – Herkömmlicher weißer Zucker wird aus Zuckerrüben hergestellt. Seine weiße Farbe erhält er durch mehrere Reinigungsvorgänge (sogenannte Raffination). Beim braunen Zucker wird nur ein Schritt der Reinigung weggelassen: die Entfärbung.

Cayenne-Pfeffer – Besteht aus fein gemahlenen getrockneten Früchten der scharfen Chilisorte Cayenne. Daher sind die Begriffe Cayenne-Pfeffer, Spanischer Pfeffer oder Teufels-Pfeffer etwas irreführend. Charakteristisch ist der leicht rauchige, etwas bittere Geschmack. Seine feurige Schärfe tritt am stärksten in Verbindung mit Fleisch und Nüssen hervor.

Chili – Diese Gewürzpaprika-Schoten, auch Pfeffer-Schoten genannt, sind im Vergleich zur Gemüsepaprika wesentlich kleiner und spitzer. Sie erreichen eine Länge von 2 bis 15 cm und einen Durchmesser von 1 bis 5 cm. Je größer die Chili, umso milder ist sie. Je nach Sorte und Reifezustand gibt es sie in den Farben Grün, Gelb, Orange, Rot und Violett. Die Schärfe der Chili ist hauptsächlich in den Samenkörnern enthalten, die vor der Verwendung entfernt werden sollten.

Chiliflocken – Sie bestehen in der Regel aus einer oder mehreren Sorten getrockneter und gehackter Chili, deren Samen vorher nicht entfernt wurden.

Chilipulver – Es handelt sich dabei um eine mehr oder weniger scharfe Mischung aus verschiedenen Gewürzen. Zu den Grundzutaten zählen neben Cayenne-Pfeffer auch Knoblauch, Kreuzkümmel und Oregano. Einigen Mischungen werden zusätzlich Muskat, Zimt, Koriander und/oder Gewürznelken hinzugefügt.

Jalapeño – Die meist grün geerntete, 7 – 8 cm lange, an der Spitze deutlich abgerundete, dickfleischige Jalapeño gehört zu den schärferen Chili-Arten.

Koriander – Korianderkraut ähnelt etwas der Petersilie und wird gerne wegen seines intensiven Aromas verwendet, mundet jedoch nicht jedem. Zwischen frischem Koriander und Korianderpulver besteht ein erheblicher Geschmacksunterschied, da letzteres aus den getrockneten Samen hergestellt wird.

Liquid Smoke – Eine Flüssigkeit, die Gerichten das Aroma von über Holz gegrilltem Essen verleiht. Damit können Fleisch oder Fisch mariniert werden. Auch anderen Gerichten oder Saucen kann man Liquid Smoke hinzufügen, um einen rauchigen Geschmack zu erzeugen.

Melasse – Ein zäher, dunkelbrauner Zuckersirup, der als Nebenerzeugnis der Zuckerproduktion aus Zuckerrohr und Zuckerrüben entsteht. Man kann die lakritzartig schmeckende Melasse als Brotaufstrich oder zum Backen verwenden.

Pecannuss – Die würzige, im Südwesten der USA heimische Pecan-Nuss, auch Hickory-Nuss genannt, kann im Notfall durch Walnüsse ersetzt werden.

Piment – Piment wird auch Nelkenpfeffer und in Nordamerika „Allspice“ genannt, da das Aroma an eine Mischung aus Zimt, Muskatnuss und Nelke erinnert.

Rohrzucker – Wird, wie der Name schon sagt, aus Zuckerrohr gewonnen. Der in Mitteleuropa produzierte Haushaltszucker wird dagegen aus der Zuckerrübe gewonnen und heißt Rübenzucker. Der Begriff „Rohrzucker“ wird oft fälschlicherweise als Bezeichnung für braunen Zucker verwendet, obwohl es auch braunen Rübenzucker gibt. Ebenso kann aus Rohrzucker durch Raffinade weißer Zucker hergestellt werden.

Süßkartoffeln – Die zuckerhaltige Knolle, die botanisch nicht mit der Kartoffel verwandt ist, kann ein Gewicht von bis zu 1 kg erreichen und schmeckt mehlig-süß. Ihre Farbe variiert sowohl außen als auch innen und reicht in der Färbung von weiß, gelb, orange, rosa bis violett. Sie ist auch als →*Baked Potato* geeignet.

Tabasco – Scharfe Chili-Sauce, die seit 1868 von Mcilhenny in Louisiana aus Tabasco-Chilis hergestellt wird. Die ursprüngliche Tabasco-Sauce wird als Tabasco Pepper Sauce bezeichnet, inzwischen umfasst die Tabasco-Produktpalette jedoch Saucen unterschiedlicher Schärfegrade und Geschmacksrichtungen. Tabasco ist ein guter Ersatz, wenn keine frischen Chilischoten verfügbar sind. Mit ein paar Tropfen davon kann jedes Gericht individuell geschärft werden.

Wildreis – Der leicht nussig schmeckende Wildreis wird aus botanischer Sicht nicht den Reispflanzen zugeordnet, sondern ist eine Rispengras genannte Wasserpflanze. Wildreis gehörte zu den Hauptnahrungsmitteln der an Seen und Flüssen lebenden Indianer, welche die Samen der hohen Gräser vom Kanu aus mühevoll ernten mussten.

Fladenbrote, Tortillas und mehr

Brot in der Wildnis

Das einfache Pfannenbrot hieß bei den Indianern und Waldläufern Kanadas „Bannock“, bei den Cowboys „Camp-Bread“. Es konnte in wenigen Minuten auf einem einfachen Herd oder über dem Feuer zubereitet werden, sodass auch Trail-Köche gerne darauf zurückgriffen. Ebenso wie der „Lonesome Cowboy“, der ein oder mehrere Tage unterwegs war. Er hatte sie gelegentlich bereits fertig zubereitet in seinen Satteltaschen dabei, um sie abends am Lagerfeuer knusprig zu rösten.
Die ursprünglichste Art dieses fladenartigen Brotes hatte nur drei Zutaten: Mehl, Wasser und Fett, das zum Backen verwendet oder auch in den Teig eingearbeitet wurde.
Es schmeckt am besten, wenn es noch warm ist, kann aber auch kalt gegessen werden und hält ein oder zwei Tage.

Great-Grandfather‘s Camp-Bread

Dieses Rezept stammt vom Ur-Großvater des Sheriffs eines kleinen, abgelegenen Ortes im Panhandle von Texas, der neben seinem Job noch ein kleines 10-Zimmer-Motel betreibt. Erfreut über die Gesellschaft am Abend wurde er sehr gesprächig und erzählte mit leuchtenden Augen von den alten, abenteuerlichen Zeiten, in denen seine Familie in den Westen gekommen war.
Zur Zeit seines Ur-Großvaters mussten Cowboys draußen auf dem oft unendlichen Weideland für sich selbst kochen. Sie hatten in der Satteltasche meist nur einen kleinen Topf, um Wasser für den Kaffee erhitzen zu können, und eine Pfanne. Diese diente anfangs als Teigschüssel, wurde dann ausgewaschen, anschließend eingefettet und zum Backen des Brotes verwendet. Während die Brote abkühlten, wurden Speck und, wenn vorhanden, Eier in der gleichen Pfanne gebraten.

240 g	**Mehl**
1 TL	**Backsoda**
½ TL	**Salz**
	Wasser nach Bedarf
	Fett – ausgelassenes Speckfett, Schweineschmalz oder was da ist

Die trockenen Zutaten vermischen und mit genügend Wasser zu einem geschmeidigen Teig kneten und daraus 2 Kugeln formen. Die Teigkugeln nacheinander in eine leicht gefettete gusseiserne Pfanne legen und mit der Faust zu einem Fladen von etwa 1,5 cm Höhe formen. Mit dem Finger in die Mitte des Teigs ein Loch bohren. Dieses Loch ermöglicht der Hitze, den Teig gleichmäßig zu durchdringen und zu backen. Das fertig geformte Brot wieder aus der Pfanne herausnehmen und beiseitelegen.
Die Pfanne auf Steine oder auf einem Rost über den glühenden Kohlen des Lagerfeuers platzieren und die Brote nacheinander backen. Wenn die untere Seite des Brotes goldbraun geworden ist, das Brot umdrehen und von der anderen Seite bräunen lassen.

Cowboy-Biskuits am Stock

War keine Pfanne vorhanden, benutzten die Cowboys Grünholz, um Fleischstücke oder auch ihre Biskuits über dem Feuer zu braten.

240 g	**Mehl**
80 ml	**Wasser**
½ TL	**Salz**
½ TL	**Backsoda**
2 EL	**Schmalz oder anderes Fett**

Alle Zutaten gut verrühren und verkneten, bis der Teig weich ist und nicht mehr an den Fingern klebt. Anschließend um einen Grünholz-Stock wickeln und so lange über dem Feuer drehen, bis das Biskuit gar ist. Je nachdem wie dick der Teig um den Stock gewickelt wurde, kann das durchaus 20 Minuten oder mehr dauern.
Man kann, falls man möchte, in den Teig auch Schnittlauchröllchen oder andere Kräuter, geriebenen Käse oder Speckwürfel einarbeiten.

Campfire Drop Bread

480 g	Mehl
240 ml	warmes Wasser
2 TL	Backsoda
1 TL	Salz
2 EL	Zucker
2 EL	Öl
	Backfett

Zuerst die trockenen Zutaten vermischen, dann Öl und Wasser einrühren. Den Teig 10 Minuten ruhen lassen. Anschließend löffelweise in mittelheißes Fett geben und goldbraun backen.
Drop-Bread schmeckt sehr gut, wenn anstatt Pflanzenfett 100 g klein geschnittene Speckwürfel ausgelassen und die Drops darin gebacken werden.

Trapper-Bannock

480 g	Mehl
360 ml	Wasser
1 P	Backpulver
½ TL	Salz
4 EL	Speckwürfel – notfalls Öl

Die Zutaten zu einem glatten Teig kneten und flache Brötchen formen. Den Speck auslassen und die Brötchen in dem Fett von beiden Seiten goldbraun, höchstens aber 5 Minuten backen.
Der Teig kann auch zu einem großen Fladen geformt werden. Um süßes Bannock zu erhalten, kann man dem Teig Rosinen oder Zucker hinzufügen.

Squaw-Bread (Navajo)

480 g	**Mais- oder Weizenmehl**
4 TL	**Backpulver**
½ TL	**Salz**
120 ml	**lauwarmes Wasser**
	Backfett

Mehl, Backpulver und Salz gut vermischen und das Wasser hinzufügen. Gut kneten, bis sich keine Luftblasen mehr im Teig befinden. Den Teig mit der Hand zu etwa 10 cm großen, flachen Fladen formen. Backfett in einer Pfanne erhitzen und die Fladen vorsichtig hineingleiten lassen. Es sollte so viel Fett in der Pfanne sein, dass die Fladen darin schwimmen. Die Fladen einmal umdrehen. Wenn sie von beiden Seiten goldbraun geworden sind, die Fladen aus der Pfanne nehmen und anschließend auf Küchenpapier trocknen lassen.

Besonders gut schmeckt das Brot, wenn die Hälfte des Fettes aus ausgelassenem Speckfett besteht. Die Fladen können mit Honig oder Butter gegessen oder als Beilage zu anderen Gerichten serviert werden.

Süßkartoffel-Fladen

1 kg	**gekochte Süßkartoffeln**
3	**Eier**
130 g	**Mehl**
	Salz und Pfeffer nach Geschmack
	Backfett

Die Kartoffeln zerdrücken und mit Eiern, Mehl und den Gewürzen vermischen. Das Fett in einer Pfanne erhitzen und die Masse mit einem großen Löffel portionsweise in das heiße Fett geben und flachdrücken. Von beiden Seiten goldbraun braten und heiß mit Butter oder Honig servieren.

Knoblauch-Tostados

1	**Baguette – schräg in dünne Scheiben geschnitten**
2	**Knoblauchzehen – geschält und kleingehackt**
	Olivenöl
	Salz und Pfeffer
	frische Kräuter wie: Rosmarin, Thymian oder Ähnliches

Etwas Olivenöl in einer Pfanne erhitzen, den Knoblauch dazu geben und kurz anbraten. Sind frische Kräuter vorhanden, kann man noch einen Rosmarin- oder Thymianzweig in die Pfanne geben. Die Brotscheiben in dem Knoblauch-Fett von beiden Seiten knusprig rösten und nach Geschmack pfeffern und salzen.

Das Baguette muss nicht frisch sein, auch eins vom Vortag eignet sich dafür. Die Tostados sind eine leckere Beilage zum Grillen. Lecker auch als Snack oder zum Frühstück mit frischen Tomaten in Scheiben oder kleingehackt, Zwiebelstückchen und Basilikum belegt.

Texas-Cornbread

Dieses Blechbrot kann durchaus ein oder zwei Tage im Voraus gebacken werden. Es wird in Quadrate geschnitten und warm oder kalt als Beilage zu einer Mahlzeit, als Frühstücksbrot oder auch als Zwischenmahlzeit mit Butter, Honig oder Marmelade serviert. Die Brot-Quadrate können auf dem Grill frisch aufgebacken werden.

240 g	**Maismehl**
240 g	**Weizenmehl**
¼ TL	**Salz**
1 TL	**Backpulver**
1 TL	**Backsoda**
1 EL	**Zucker (optional)**
240 ml	**Buttermilch**
2	**Eier – leicht verrührt**
100 g	**Frühstücksspeck – fein gewürfelt**

Die Speckwürfel in einer Pfanne auslassen und beiseite stellen. Die trockenen Zutaten miteinander vermischen und die Buttermilch einrühren. Anschließend die Eier und das warme Fett sehr schnell mit der Masse vermengen. Den Backofen auf 200 °C vorheizen und ein Backblech – ca. 40 x 30 cm – mit Butter einfetten. Den Teig auf dem Backblech verteilen und das Maisbrot 20 bis 25 Minuten backen, bis es goldbraun ist.

Cornbread aus der Pfanne

120 g	**Tasse Maismehl**
60 g	**Tasse Weizenmehl**
1 EL	**Backpulver**
½	**Teelöffel Salz**
240 ml	**Milch**
1	**Ei**
2 EL	**Honig**
1 EL	**Öl**

Die trockenen Zutaten vermischen. Milch, Ei und Honig dazugeben und gut verrühren, bis alles vollständig eingearbeitet ist. Das Öl in der Pfanne erhitzen und gleichmäßig verteilen. Den Teig in die Pfanne geben, einen Deckel auflegen und 15 Minuten bei mittlerer Hitze backen. Anschließend vom Feuer nehmen und das Brot mit geschlossenem Deckel noch 5 Minuten ruhen lassen.
Die Außentemperatur kann die Länge des Backvorgangs beeinflussen. Mit einem Holzstäbchen oder Ähnlichem kann man testen, ob das Brot durchgebacken ist. Befinden sich beim Einstechen keine Teigkrümel am Stäbchen, ist der Kuchen fertig.
Das Cornbread kann warm oder kalt gegessen werden.

Tortillas

Tortillas, auch das Brot der Mexikaner genannt, sind aus dem Südwesten der USA (bis 1848 gehörte diese Region zu Mexiko) nicht wegzudenken. Die dünnen Tortillas, die aus Mais- oder Weizenmehl hergestellt werden, bilden die Basis vieler Mahlzeiten oder dienen als Beilage.
Gefüllt werden sie zu eigenständigen Mahlzeiten. Was die Füllung anbelangt, die auf die flach liegende Tortilla gehäuft wird, sind der Phantasie keine Grenzen gesetzt. Über den fertig gebratenen fleischlichen Inhalt wird Gemüse verteilt sowie ein oder zwei geschmacksgebende Zutaten. Einige davon sind im Buch enthalten. Als Letztes wird die Tortilla von rechts und links übergeschlagen oder eingerollt und mit der Hand gegessen. Zu den beliebtesten Zutaten einer gefüllten Tortilla gehören:

Hackfleisch – Geschnetzeltes – Hühnerstreifen
Salat – Mais – Kidney-Bohnen – →Tomaten-Salsa – →Avocado-Salsa
→Chili-Sauce – →Guacamole – Sour Cream – geriebener Käse

Weizenmehl-Tortillas

240 g Mehl
2 TL Backpulver
1 Prise Salz
6 EL weißes Bratfett
180 ml heißes Wasser
Öl zum Braten

Mehl, Backpulver und Salz vermischen und das weiße Bratfett unterkneten. Das Wasser hinzufügen und weiterkneten. Falls der Teig zu klebrig ist, mehr Mehl hinzufügen. Abdecken und 15 Minuten ruhen lassen. Den Teig in 12 gleichgroße Kugeln teilen, abdecken und nochmals 20 Minuten ruhen lassen. Jede Kugel zu einem dünnen Kreis ausrollen. Das Öl in der Pfanne erhitzen und die Tortillas einzeln von beiden Seiten anbraten, bis sie an der Oberfläche Blasen bilden. Die fertigen Tortillas aufeinanderstapeln und beiseite stellen.

Frühstück und Eierspeisen

In Nordamerika hat ein deftiges Frühstück einen hohen Stellenwert. Insbesondere Bewohner ländlicher Regionen, die harte körperliche Arbeit leisten müssen oder auch Trucker wissen das reichhaltige Angebot zu schätzen. Zwar gehören neben dem obligatorischen dünnen Kaffee ebenfalls Marmelade, Butter und Brot dazu, doch eher als Zusatzangebot. Als Standardfrühstück kann sicherlich Rührei oder Spiegelei mit krossem Bacon bezeichnet werden, häufig begleitet von speziellen kleinen Würstchen und Hash Browns oder auch Biscuits und *→Gravy (S. 140)**. Ebenso stehen Omeletts sowie weitere spezielle Eierzubereitungen, Pfannkuchen, Frühstückspfannen und würzig-deftige Pasteten schon morgens auf dem Speiseplan. Sie werden allerdings ebenso gerne zum Lunch konsumiert und stellen zusätzlich mit einem zusätzlichen leckeren Salat eine vollwertige Mahlzeit dar.*

Knuspriger Bacon

Knuspriger Frühstücksspeck erfordert Geduld! Den in dünne Scheiben geschnittenen Bacon (durchwachsener Bauchspeck) in eine heiße Pfanne legen und bei mittlerer Hitze auslassen. Es kann 5 bis 6 Minuten dauern, bis die Unterseite leicht gebräunt ist. Danach wenden und weitere 3 bis 4 Minuten braten. Den Bacon nicht sofort servieren, sondern auf einem Stück Küchenpapier abtropfen lassen. So wird das ausgetretene Fett von der Oberfläche abgesaugt und der Frühstücksspeck härtet aus und wird knusprig.

Hash Browns

Hash Browns sind eine beliebte Beilage zu vielen Gerichten, insbesondere zu Rührei und Speck.

3	**große weiße oder rote Kartoffeln – gerieben**
	etwas Mehl
	Salz und Pfeffer
	Butterschmalz oder Öl

Zu den geriebenen Kartoffeln etwas Mehl, Pfeffer und Salz hinzufügen. Öl ca. 0,5 cm hoch in eine Pfanne füllen und erhitzen. Dann die Masse mit einem großen Löffel portionsweise in die Pfanne geben. Von beiden Seiten braten, bis die Hash Browns knusprig und goldbraun sind.
Man kann auch noch kleingehackte Zwiebeln oder ein Ei hinzufügen.

Käsefrühstück Fort Erie

200 g	**altes Brot – zerkrümelt – notfalls Paniermehl**
200 ml	**heiße Milch**
4	**Eier – verquirlt**
1 EL	**Butter**
300 g	**geriebener Käse**
	Salz nach Geschmack
4	**Scheiben heißer Toast**

Die Brotkrumen 15 Minuten in der heißen Milch einweichen. Die Butter in einer Pfanne bei niedriger Hitze schmelzen lassen und den Käse hinzufügen. Wenn der Käse geschmolzen ist, die eingeweichten Brotkrumen und das Salz hinzufügen. Das Ei einrühren und alles ca. 3 Minuten lang weitersimmern lassen. Die Käsemasse über die Toastscheiben gießen und servieren.

Doc Johnsons Lieblingsfrühstück

200 g	**gestreifter Speck**
480 g	**Mehl**
2 EL	**Backpulver**
3 EL	**Zucker**
½ TL	**Salz**
360 ml	**Milch**

Den Speck in kleine Würfel schneiden und auslassen. Die übrigen Zutaten gut verrühren. Die Speckstücke aus der Pfanne nehmen und in die Masse einrühren. Den Teig portionsweise in die Pfanne mit dem Speckfett geben. Die Küchlein umdrehen, sobald sie goldgelb sind und am Rand trocken werden. Mit Sirup oder Honig servieren. Ergibt ca. 16 Küchlein.

Huevos Rancheros

4	Eier
100 g	Frühstücksspeck – in Würfel geschnitten
1	große Zwiebel – grob gehackt
1	Knoblauchzehe – fein gehackt
2	mittelgroße entkernte Tomaten – gewürfelt
½	grüne Paprika – grob gehackt
1	Jalapeño-Chili – entkernt und fein gehackt
	oder nach Geschmack eine mildere Chili-Sorte
4 EL	Koriander – klein geschnitten
	Salz und Pfeffer
	Chili-Sauce – je nach Geschmack mehr oder weniger scharf
2	→*Tortillas* – notfalls Weißbrotscheiben

Den Frühstücksspeck in einer Pfanne auslassen. Zwiebeln und Knoblauch hinzufügen und glasig werden lassen. Chili, Paprika, Tomaten und 2 Esslöffel Koriander dazugeben. Salzen und Pfeffern und 5 Minuten köcheln lassen. Die Mischung beiseite stellen und warm halten. Die Eier als Spiegeleier in der Pfanne braten. Die Speck-Chili-Mischung auf die Teller geben und die Spiegeleier oben drauf legen und mit Koriander bestreuen. Dazu Tortillas/Weißbrotscheiben und Chili-Sauce servieren.

Für 2 Personen

Dieses herzhafte Frühstück mexikanischen Ursprungs wird mit Tortillas und häufig auch mit gebackenen Bohnen serviert.

Breakfast Hidden Creek Ranch

2	Würstchen – in Stücke geschnitten
1	Zwiebel – klein gehackt
1	Knoblauchzehe – fein gehackt
2	große Tomaten – gewürfelt – oder kleine Dose geschälte Tomaten
150 g	Cheddar-Käse – in kleine Stücke geschnitten
4	Eier
2 TL	Öl
	mit Salz, Pfeffer und evtl. etwas Chilipulver bestreuen

Die Wurststückchen im Öl in der Pfanne anbraten. Knoblauch und Zwiebeln hinzufügen und für ein paar Minuten mitbraten lassen. Wenn die Zwiebeln glasig sind, die Tomaten und den Käse hinzufügen und bei schwacher Hitze etwa 15 Minuten lang köcheln lassen, damit die Masse eindickt. Mit einem Löffel 4 Mulden hineindrücken, in die die Eier gefüllt werden. Bei mittlerer Hitze zugedeckt so lange köcheln lassen, bis die Eier die gewünschte Konsistenz erreicht haben.

Für 2 Personen

French Toast

4	**dicke Scheiben Weißbrot – können auch altbacken sein**
2	**Eier**
4 EL	**Milch**
4 EL	**Sahne – wenn keine vorhanden, doppelte Menge Milch nehmen**
1 Prise	**Salz**
1 EL	**Vanillezucker oder etwas Vanillearoma**
$1/8$ TL	**Zimt**
1 Prise	**Muskatnuss**
2 EL	**Butter**
	Ahornsirup – ersatzweise flüssiger Honig
	frische Beeren – oder anderes kleingeschnittenes Obst

Eier, Milch und Sahne verquirlen und Salz, Vanillezucker, Zimt und Muskatnuss einrühren. Die Masse über die Weißbrotscheiben gießen und ca. 10 Minuten ruhen lassen oder bis die Flüssigkeit vollkommen aufgenommen worden ist. Die Butter in einer Pfanne schmelzen lassen und die Brotscheiben bei mittlerer Hitze etwa 2 bis 3 Minuten pro Seite braten, bis sie goldbraun sind.

Mit Ahornsirup oder Honig begießen und frische Früchte dazu servieren.

Cook Larry‘s Potato-Cake

Larry war ebenso wie sein Vater vor ihm als Koch auf einer Ranch in der Nähe von Pecos/NM angestellt. Nach dem Verkauf der Ranch 1975 betrieb Larry bis zu seinem Tod 2005 ein kleines, im Westernstil eingerichtetes Restaurant in Gallup/NM an der alten Route 66, fast an der Grenze zu Arizona. Eigentlich ein Geheimtipp und doch war es manchmal schwierig, einen Platz zu ergattern, da seine authentischen, rustikalen Gerichte Menschen aus allen Bevölkerungsschichten anzogen. Unschwer zu erkennen an den doch sehr unterschiedlichen PKW-Klassen auf dem Parkplatz.
Gerne setze Larry sich zu seinen Gästen, plauderte über alte Zeiten und verriet sogar einige seiner Rezepte.

6	**Eier - verquirlt**
4	**mittelgroße Kartoffeln - gewürfelt**
2	**große Tomaten - gewürfelt**
1	**rote Paprika - in schmale Streifen geschnitten**
3	**grüne Chilis - nach Geschmack mild oder schärfer - klein gehackt**
2	**Zwiebeln - klein gehackt**
2	**Knoblauchzehen - fein gehackt**
	Salz und Pfeffer
	Chili-Sauce

Öl in einer großen Pfanne erhitzen. Die Kartoffeln darin bei nicht zu starker Hitze in 5 bis 10 Minuten bräunen lassen. Gelegentlich umrühren. Zwiebeln, Knoblauch und Paprika hinzufügen. Salzen und pfeffern. 10 Minuten bei mittlerer Hitze weiterbraten. Dann die Tomaten hinzufügen und ca. 2 Minuten unter Rühren erhitzen. Die verquirlten Eier über die Gemüsemasse gießen und einmal gut umrühren. Einen Deckel auf die Pfanne legen und bei heruntergestellter Hitze backen lassen, bis die Eiermasse vollständig gestockt ist. Den Kartoffelkuchen auf einen großen Teller gleiten lassen und tortenartig schneiden.
Dazu eine beliebige Chili-Sauce - scharf oder weniger scharf - servieren.

Round-Up Breakfast

Dieses Frühstück war sehr beliebt, um in kürzester Zeit eine größere Menge Cowboys zu versorgen, bevor sie zum Branding oder Round-Up aufbrachen. Dazu konnten die Mengen einzelner Zutaten problemlos dem angepasst werden, was die Vorräte hergaben.

500 g	**kleine Würstchen – in Stücke geschnitten – notfalls Bockwurst**
2	**große Kartoffeln – gewürfelt**
6	**Eier – verquirlt**
2 EL	**Wasser oder Milch**

Die Würstchen in einer großen Pfanne bräunen und herausnehmen. Die Kartoffeln bei mittlerer Hitze in der gleichen Pfanne braun und fast gar werden lassen. Die Würstchen hinzufügen und alles in der Pfanne gleichmäßig verteilen. Wasser und Eier gut verrühren, die Masse über Kartoffeln und Würstchen geben. Bei mittlerer Hitze garen lassen, bis die Eier gestockt sind.

Western Omelette

50 g	**Speck – gewürfelt – notfalls Öl**
6	**Eier**
1	**mittelgroße Tomate – gewürfelt**
½	**grüne, rote oder gelbe Paprika – gewürfelt**
1	**mittelgroße Kartoffel – gewürfelt**
1	**kleine Zwiebel – gewürfelt**
150 g	**Kochschinken – gewürfelt**
50 g	**gehobelter Cheddar-Käse – kann auch weggelassen werden, da er das Gericht sehr gehaltvoll macht**
	Pfeffer und Salz

Die Kartoffelstücke ca. 10 Minuten kochen lassen. Zwiebeln im Öl glasig werden lassen und die abgetropften Kartoffeln hinzugeben. Kartoffeln nicht braten, nur garen lassen. Pfeffern und salzen. Wenn die Kartoffeln halbgar sind, die Paprika hinzugeben. Kurz vor dem Garwerden Tomaten, Schinken und Käse hinzufügen. Als Letztes die aufgeschlagenen Eier auf das Gemüse geben und vorsichtig umrühren. Das Ei bei geschlossenem Pfannendeckel stocken lassen.
Für 2 Personen.

Becky's Cheese-Omelette

3	**Eier – verquirlt**
2	**Scheiben Cheddar-Käse**
	Salz und Pfeffer
	Öl
1	**Tomate – in Scheiben geschnitten**

Das Öl erhitzen, die gesalzene und gepfefferte Eiermasse in die Pfanne gießen und zugedeckt bei mittlerer Hitze braten, bis sie fast fertig ist. Auf die eine Hälfte des Omeletts die Käsescheiben legen und das Omelette zuklappen. Nochmals kurz zugedeckt weitergaren lassen und mit Tomatenscheiben garniert servieren.

Pancakes

Pfannkuchen sind ein wesentlicher Bestandteil des amerikanischen Frühstücks. Sie sind kleiner und dicker als die bei uns üblichen und werden in vielen Varianten zubereitet. Serviert werden sie mit Honig, Sirup, Kompott, frischen Früchten, einer Spezialbutter oder auch -sauce.
Rezepte für →Orangensirup, →Orangen-Honig-Butter, →Butterscotch-Sauce, →Cranberry-Sauce, →Aprikosenkompott und →Beerenkompott sind weiter hinten im Buch zu finden.

Buttermilch-Pfannkuchen

500 g	**Mehl**
500 ml	**Buttermilch**
2 EL	**Zucker**
1 TL	**Salz**
1 TL	**Backsoda**
2 EL	**Butter**

Alles gut verrühren. Mit einer Schöpfkelle den Teig so in eine große, gefettete Pfanne einfüllen, dass Pfannkuchen von 10 bis 15 cm Durchmesser entstehen. Auf beiden Seiten goldbraun backen.
Mit Sirup oder Kompott servieren, →siehe oben.

Kürbis-Pfannkuchen

4	Eier – getrennt
100 g	Kürbisfleisch – gekocht und püriert
480 ml	Milch
4 EL	Butter
120 g	Mehl
4 TL	Backpulver
4 EL	Zucker
	Salz und Pfeffer
	Zimt nach Belieben
	Öl zum Braten

Das Eiweiß steif schlagen. Eigelb, Kürbispüree, Milch und Butter miteinander verrühren. Das Mehl mit Backpulver, Zucker, Salz und Zimt vermischen und in die Kürbis-Ei-Masse einrühren. Den Eischnee unterheben. Das Öl in einer Pfanne erhitzen und mit einer Schöpfkelle ein Viertel des Teigs hineingeben. Die Pfannkuchen von beiden Seiten goldgelb braten. Im Backofen bei 50 °C warmhalten, bis die anderen 3 Pfannkuchen fertig sind.

Mais-Pinienkern-Pfannkuchen

240 g	Maismehl
240 g	Weizenmehl
2 TL	Backpulver
2 EL	Zucker
1/4 TL	Salz
300 ml	Buttermilch
2	Eier – leicht verquirlt
2 EL	zerlassene Butter
120 g	geröstete Pinienkerne – notfalls gehackte, geröstete Mandeln

Maismehl, Mehl, Backpulver, Zucker und Salz in einer großen Schüssel gut vermischen. Buttermilch, Eier und zerlassene Butter zugeben und alles mit einem Schneebesen zu einem gleichmäßigen Teig verrühren. Anschließend die Pinienkerne untermischen. Das Öl in einer großen Pfanne erhitzen und ein Viertel des Teigs für einen kleinen Pfannkuchen in eine Pfanne geben. Sobald die Unterseite des Pfannkuchens goldbraun ist, wenden und die andere Seite ebenfalls goldbraun ausbacken. Die fertigen Pfannkuchen warmhalten, bis alle Pfannkuchen fertig sind.
Mit Butter, Ahornsirup oder →Orangen-Sirup servieren.

Luise's Fruit-Pancakes

Dieses Rezept stammt aus einem kleinen Bed & Breakfast zwischen Houston und Austin. Die Vorfahren der beiden alten Damen, die es führten, waren 1880 mit den vielen deutschen Einwanderern in die Region gekommen und hatten eine kleine Ranch aufgebaut. Die Ranch musste später ebenso wie andere Ranches aufgrund teilweise trauriger widriger Umstände aufgegeben werden, bei denen die Habgier größerer Ranches eine nicht unerhebliche Rolle spielte. Nicht verlorengegangen sind allerdings die Rezepte ihrer Großmutter, die nach dem Verlust ihres Mannes und der Ranch als Köchin in einem der Restaurants von Brenham arbeitete, um ihre Familie durchzubringen.

240 g	**Mehl**
2 EL	**Zucker**
1,5 TL	**Backpulver**
2	**Eier – Eigelb und Eiweiß getrennt**
360 ml	**Buttermilch – notfalls Milch**
	etwas Salz
500 g	**Blaubeeren oder andere Früchte der Saison**
	Fett zum Braten
	Ahorn- oder Cranberry-Sirup

Mehl, Zucker und Backpulver vermischen. Das Eigelb mit der Milch verquirlen und in das Mehl einrühren. Den Teig zugedeckt 30 Minuten ruhen lassen. Das Eiweiß mit Salz steif schlagen und unterheben. 400 g Blaubeeren unter den Teig mischen. In einer großen Pfanne Fett erhitzen und darin kleine Pfannkuchen goldbraun backen, wenden und auf der anderen Seite fertigbacken. Mit Ahorn-Sirup und den restlichen Blaubeeren servieren.

Salate und Gemüse

Hier sind lediglich einige Salate mit Dressing aufgeführt. Weitere Rezepte für Salatsaucen sind in dem entsprechenden Kapitel zu finden, sodass viele weitere frische Salate nach Gusto kreiert werden können.

Löwenzahn-Salat

500 g	**junge Löwenzahnblätter – notfalls Rucola-Salat**
3	**Scheiben gestreifter Speck– gewürfelt**
100 ml	**Milch**
3	**Eier – hart gekocht und zerhackt**
	Salz und Pfeffer

Die Löwenzahnblätter in mundgroße Stücke schneiden und in eine Schüssel geben. Den Speck in einer kleinen Pfanne kross braten. Milch, Pfeffer und Salz hinzufügen, verrühren und köcheln lassen, bis die Sauce dicklich wird. Kalt werden lassen. Die Eier über den Löwenzahnblättern verteilen. Die Specksauce über den Salat gießen und vorsichtig umrühren.

Nuss-Pilz-Salat mit Rucola

200 g	**frische junge Champignons – in dünne Scheiben geschnitten**
2 – 3	**Hände Rucola- oder Löwenzahnblätter – in mundgerechte Stücke geschnitten**
1	**Apfel – in kleine Stücke geschnitten**
3 EL	**Walnüsse, Pecannüsse oder Pinienkerne – klein gehackt**
4 EL	**Öl**
1 EL	**weißer Essig**
1	**Zitrone – ausgepresst**
	Salz und Pfeffer
etwas	**Zucker**

Die Marinade anrühren, über die Pilze geben und kurz ziehen lassen. Anschließend Äpfel und Nüsse einrühren. Als Letztes kurz vor dem Servieren den Rucola unterheben.

Avocado-Salat

2	Avocados – gewürfelt
2 EL	milder Essig
4 EL	Olivenöl
1	milde Chilischote – entkernt und klein gehackt
100 g	Hartkäse – klein gewürfelt
100 g	Kochschinken – klein gewürfelt
	Salz und Pfeffer

Essig, Öl, Chili, Salz und Pfeffer verrühren. Die Avocados, den Käse und den Schinken mit dem Dressing vorsichtig vermischen.

Chuck Wagon-Salat Morgan Ranch

300 g	Fleischwurst – in Stücke geschnitten – notfalls Bockwurst
1	kleine Dose Mais – abgetropft
1	kleine Dose Kidneybohnen – abgetropft
2	große rote Paprika – in kleine Stücke geschnitten
2	mittelgroße Zwiebeln – in kleine Stücke geschnitten
6 EL	Tomatenketchup
4 EL	Essig
2 EL	Olivenöl
	Salz und Pfeffer nach Geschmack

Alle Zutaten miteinander vermischen. Aus Ketchup, Essig, Öl und Gewürzen eine Sauce herstellen und auf den Salat geben. Mischen und durchziehen lassen.

Meeresfrüchte-Salat Galveston

500 g	Garnelen oder Scampi, Miesmuscheln, Strandschnecken und Tintenfischteile – ohne Kruste oder Schale, fertiggekocht oder 500 g gekochte tiefgefrorene Meeresfrüchte – aufgetaut
½	rote Paprikaschote – entkernt und in kleine Würfel geschnitten
½	grüne Paprikaschote – entkernt und in kleine Würfel geschnitten
1	große Fleischtomate – in kleine Würfel geschnitten
3 – 4	Knoblauchzehen – fein gehackt
6 EL	Olivenöl
4 EL	Rotwein-Essig
6 EL	Fischfond – notfalls Gemüsebrühe aus einem Würfel
	Salz und Pfeffer

Das Öl in einer Pfanne erhitzen und Knoblauch und Zwiebeln darin glasig werden lassen. Paprika und Tomaten hinzufügen und weitere 3 Minuten dünsten. Die Mischung erkalten lassen. Den Fischfond mit dem Essig vermischen, mit Salz und Pfeffer würzen und in das Gemüse einrühren. Die Meeresfrüchte vorsichtig unterheben und vor dem Servieren 1 Stunde kalt stellen.

Thunfisch-Orangen-Salat Padre Islands

1	Dose Thunfisch – in kleine Stücke gezupft
3	Orangen – in Stücke geschnitten
2	Eier – hartgekocht und in Stücke geschnitten
3	kleine Zwiebeln – halbiert und in feine Scheiben geschnitten
10	grüne Oliven ohne Stein – in Scheiben geschnitten
1	Romana Salat – in mundgerechte Stücke geschnitten
2	Knoblauchzehen – fein gehackt
4 EL	Olivenöl
3 EL	Essig
	Salz und Pfeffer
½ TL	Paprikapulver, edelsüß
	etwas Zucker

Essig, Salz, Pfeffer, Öl, Paprikapulver, Zucker und Knoblauch miteinander verrühren. Orangen, Eier, Zwiebeln, Salat, Oliven und Thunfischstücke miteinander vermischen und das Dressing unterheben.

Wildreis-Salat

500 g	Wildreis - notfalls Naturreis
½	rote Paprika - klein geschnitten
½	grüne Paprika - klein geschnitten
1	Zwiebel - klein geschnitten
100 g	Walnüsse - gehackt
5 EL	Olivenöl
1 EL	Apfelessig
2 EL	Ahornsirup
	Pfeffer und Salz nach Geschmack

Den Wildreis in kochendes Wasser geben und etwa 60 Minuten köcheln lassen, bis die Körner aufplatzen. Abgießen, abschrecken, mit einem Esslöffel Öl verrühren und abkühlen lassen. Die letzten 3 Zutaten mit 4 Esslöffeln Öl verrühren, bis die Sauce cremig wird. Den Reis in einer Schüssel mit Nüssen, Zwiebeln und Paprika verrühren, die Sauce dazugeben und alles vermischen.

Bohnen-Mais-Reis-Salat

750 g	gekochter Reis - kalt
1	mittelgroße Dose Pinto-Bohnen
1	mittelgroße Dose Maiskörner
6	Frühlingszwiebeln - fein gehackt
2	Jalapeños - entkernt und fein gehackt
8 EL	Öl
2 EL	Zitronensaft
1 EL	Apfelessig
1 EL	brauner Zucker
1 TL	Chilipulver
1 TL	Salz

Das Dosengemüse gut abtropfen lassen und mit dem anderen Gemüse verrühren. Die Dressing-Zutaten gut miteinander vermischen, bis sich der Zucker aufgelöst hat. Das Dressing unter den Salat rühren. Mindestens 4 Stunden abgedeckt an einem kühlen Ort ruhen lassen.

Gekühlt hält der Salat bis zu 3 Tagen. Für 6 bis 8 Personen

Cole Slaw

Der Coleslaw, amerikanischer Krautsalat, ist eine der beliebtesten Beilagen beim BBQ. Es existieren zahlreiche Rezepte, denn fast jeder Koch und jede Hausfrau hat ein eigenes. Die Hauptzutaten sind in der Regel Weißkohl, manchmal auch Rotkohl, Möhren und Zwiebeln. Individuell ergänzt werden kann das Ganze noch durch anderes Gemüse wie Sellerie oder auch Paprika. Was gerade da ist!
Das Dressing gibt die persönliche Note. Am besten schmeckt der Salat, wenn er einen Tag zuvor zubereitet wird und über Nacht an einem kühlen Ort zugedeckt durchziehen kann. Der Salat muss vor dem Servieren noch einmal gut durchgemischt werden.

Cole Slaw Dalhart

½	kleiner Weißkohl – in feine Streifen geschnitten
½	kleiner Rotkohl – in feine Streifen geschnitten
2	große Möhren – in feine Streifen geschnitten
1	kleine Zwiebel – klein gehackt
12 EL	Mayonnaise
3 EL	Apfelsaft
1 EL	weißer Balsamico-Essig
1 EL	Zucker
	Salz und Pfeffer

Das Gemüse in eine Schüssel geben und gut verrühren. Die Mayonnaise mit den restlichen Zutaten gut verrühren, mit Salz und Pfeffer abschmecken und unter den Salat heben. Den Salat abdecken und mindestens 2 Stunden an einem kühlen Ort ziehen lassen.

Bacon Cole Slaw

1	kleiner Weißkohl - geschreddert
1	große Zwiebel - fein gehackt
200 g	Bacon - fein gewürfelt
4 EL	Essig
	Wasser
	Salz und Pfeffer

Wasser aufkochen, den Weißkohl dazugeben und 10 Minuten ziehen lassen. Danach gut abtropfen lassen und in einer Salatschüssel mit den Zwiebeln vermischen. Die Speckwürfel knusprig braten und mit dem Essig ablöschen. Die Flüssigkeit anschließend über den Weißkohl gießen, mit Salz und Pfeffer nach Geschmack würzen und gut durchrühren. Wenn möglich ein paar Stunden kühlstellen. Je länger er zieht, umso besser schmeckt er.
Vor dem Servieren nochmals gut durchmischen und falls erforderlich nachwürzen.

Kartoffel-Salat Bandera

750 g	Kartoffeln - gekocht, gepellt und in dünne Scheiben geschnitten
240 ml	heiße Fleischbrühe
125 g	fetter Speck - klein gewürfelt
1	große Zwiebel - fein gewürfelt
3 EL	milder Essig
1 Bund	Petersilie - fein gehackt
	Salz und Pfeffer

Die Fleischbrühe kräftig mit Salz und Pfeffer würzen und über die Kartoffeln gießen. Zugedeckt 20 Minuten ziehen lassen. Den Speck und die Zwiebeln in einer Pfanne goldgelb braten. Anschließend den Essig hinzufügen, verrühren und unter den Salat mischen. Den Salat etwa 2 Stunden ziehen lassen.
Vor dem Servieren mit der Petersilie vermischen.

Kartoffel-Salat Nacogdoches

500 g	Kartoffeln – gekocht, gepellt und in Scheiben geschnitten
1	mittelgroßes Glas süßsaurer Kürbis – in Würfel geschnitten
1	kleines Glas Tomatenpaprika – in Würfel geschnitten
1	kleines Glas Gewürzgurken – in Würfel geschnitten
1	große milde Zwiebel – fein gehackt
10 EL	Mayonnaise
3 EL	Wasser
½ TL	Meerrettich
1 TL	Paprika edelsüß
	Tabasco nach Geschmack
	Salz und Pfeffer

Das Gemüse in einer Schüssel mischen. Mayonnaise mit dem Wasser gut vermischen und Meerrettich, Paprika, Salz und Pfeffer einrühren. Mit Tabasco nach Geschmack nachwürzen. Die Sauce über den Salat gießen und mindestens 1 Stunde an einem kühlen Ort ziehen lassen.

Süßkartoffel-Salat

1	große Süßkartoffel – gewürfelt
2	große Möhren – gewürfelt
2	mittelgroße Tomaten – gewürfelt
100 g	Kichererbsen aus der Dose – abgetropft
125 ml	Natur-Joghurt
4	Stiele Petersilie – klein gehackt
1 TL	Zitronensaft
1 EL	Honig
1 Prise	Salz
1 TL	weißer Pfeffer

Für das Dressing den Joghurt mit Zitronensaft, Honig und Pfeffer sowie etwas Salz gut vermischen und die Petersilie einrühren. Die Süßkartoffeln 10 Minuten kochen, anschließend die Karottenwürfel dazugeben und 5 weitere Minuten mitkochen oder, bis beides bissfest ist. Das Wasser abgießen und die Würfel mit Tomaten und Kichererbsen vermischen. Mit dem Dressing übergießen, umrühren und nach kurzem Durchziehen warm servieren.

Folien-Kartoffeln

„Baked Potatoes", Backkartoffeln, sind eine beliebte Beilage zu Grillgerichten. Am besten sind festkochende Sorten dafür geeignet.
Die Kartoffeln werden sauber geschrubbt und in Alu-Folie gewickelt. Wie sie anschließend gegart werden, richtet sich nach den vorhandenen Möglichkeiten, z. B. in einem geschlossenen Grill, auf einem offenen Grill oder auch in der Glut eines Feuers. Sind die Kartoffeln noch roh, kann der Vorgang je nach Größe der Kartoffel und Art der Hitzequelle durchaus eine Stunde dauern. Kocht man die Kartoffeln vor, verringert sich die Grillzeit entsprechend.
Kartoffeln, die über dem offenen Grill oder in der Glut gegart werden, sollten immer wieder gedreht werden, damit sie gleichmäßig durchbacken und nicht von einer Seite verbrennen.
Die fertigen Folienkartoffeln in der Mitte auseinanderschneiden und je nach Gusto mit Sauerrahm und Schnittlauch oder Kräuterquark servieren. Sehr gut schmeckt dazu auch das →Texas Ranch Dressing.

Classic BBQ-Potato

1 große Kartoffel pro Person
100 g gestreifter Speck – klein gewürfelt
Sauerrahm und/oder Butter
Schnittlauch – klein gehackt
Salz und Pfeffer

Die Speckwürfel rösten, bis sie kross sind. Die gut gewaschenen Kartoffeln mit einer Gabel rundherum einstechen, mit dem Speckfett einpinseln und salzen und pfeffern. In Alufolie gewickelt 60 bis 85 Minuten indirekt grillen.
Die Kartoffeln mit Sauerrahm oder Butter, mit den Speckwürfeln und mit Schnittlauch bestreut servieren.
Will man den Vorgang verkürzen, kann man die Kartoffeln auch fast gar vorkochen.

Knoblauch-Kartoffeln

4	große Kartoffeln – in der Pelle gekocht
3	Knoblauchzehen – sehr fein gehackt
125 g	Butter – Zimmertemperatur
6 EL	geriebener Hartkäse
2 EL	Petersilie – fein gehackt
	Pfeffer nach Geschmack

Alle Zutaten für die Knoblauch-Butter miteinander verrühren. Die Kartoffeln längs halbieren und mit der Pelle nach unten in eine gefettete Pfanne legen. Auf die obere Hälfte Knoblauchbutter geben. Die Kartoffeln zugedeckt 10 bis 15 Minuten bei niedriger Hitze backen.

Honig-Süßkartoffeln mit Rosinen

4	mittelgroße Süßkartoffeln
5 EL	Honig
120 g	Butter
2	Eier – leicht verquirlt
200 ml	Sahne
1/4 TL	Salz
1/4 TL	Muskatnuss
1/2 TL	Zimt
5 EL	Rosinen
4 EL	Bourbon Whiskey – falls gewünscht

Die Kartoffeln kochen, bis sie weich sind. Anschließend pellen und stampfen. Die restlichen Zutaten miteinander verrühren, mit dem Süßkartoffelbrei gut vermengen und in eine Pfanne füllen. Zugedeckt etwa 10 Minuten oder bis das Gericht gut durchgewärmt ist, bei geringer Hitze backen lassen.

Süßkartoffeln in Ahornsirup

800 g	Süßkartoffeln
9 EL	brauner Zucker
7 EL	Ahornsirup
2 EL	Butter
¼ TL	Zimt
¼ TL	Salz

Die Kartoffeln fast gar kochen, in kleine Stücke schneiden und anschließend in eine gebutterte Pfanne geben. Die restlichen Zutaten bei mittlerer Hitze in einem Topf unter gelegentlichem Umrühren zum Kochen bringen. Die Sauce über die Kartoffeln gießen. Zugedeckt in der Pfanne etwa 20 Minuten bei mittlerer Hitze backen.

Wildreis mit Nüssen

300 g	Wildreis
80 g	Walnüsse oder andere Nüsse – grob gehackt
	Öl zum Braten
1	getrocknete Chilischote – gehackt
1 TL	Koriander oder Petersilie – gehackt
	Salz und Pfeffer

Den Wildreis in reichlich kochendem Salzwasser (drei- bis vierfache Menge) etwa 30 bis 40 Minuten gar kochen. Nüsse und Chili in einer Pfanne in heißem Öl anrösten und mit dem abgetropften Wildreis verrühren. Den Korianer oder die Petersilie vor dem Servieren über den Reis streuen.

Jalapeño-Reis

500 g	Langkornreis – gekocht
250 ml	Sour Cream
3	Jalapeños – sehr fein gehackt
100 g	Cheddar-Käse – gerieben

Den gekochten Reis mit der Sour Cream und den Jalapeños verrühren. Die Masse in eine gebutterte Pfanne füllen, mit dem Käse bestreuen und für 20 Minuten bei niedriger Hitze mit geschlossenem Deckel garen.

New Mexico Reis

180 g	Reis
2 EL	Öl
600 ml	Wasser
1	mittelgroße Zwiebel - klein gehackt
1	Knoblauchzehe - fein gehackt
1	rote Paprika - klein geschnitten
1	milde Chili - entkernt und fein gehackt
1 TL	Salz
½ TL	schwarzer Pfeffer
4 EL	Tomatenmark - 2-fach konzentriert
	frischer Koriander - klein gehackt

Den Reis in dem Öl anbraten. Zwiebeln, Paprika und Knoblauch dazugeben und den Rest der Zutaten einrühren. Mit geschlossenem Deckel bei mittlerer Hitze 40 bis 45 Minuten köcheln lassen. Mit Koriander bestreut servieren.

Grüne Tomaten (Pueblo)

1 kg	reife Grüne Tomaten - in dicke Scheiben geschnitten - notfalls Fleischtomaten
4	Eier - verquirlt
320 g	Maisgrieß
200 ml	Wasser
2	Frühlingszwiebeln - sehr klein gehackt
	Pfeffer und Salz nach Geschmack
	Butter zum Braten

Eier, Maisgrieß, Zwiebeln, Pfeffer und Salz zu einem Teig verarbeiten. Die Tomatenscheiben im Teig wenden und in der Butter von beiden Seiten braten.

Tomaten-Fladen (Zuni)

1 kg	reife Grüne Tomaten oder Fleischtomaten – sehr fein gewürfelt
4	Frühlingszwiebeln – in dünne Ringe geschnitten
4 – 6 EL	Maismehl – notfalls Weizenmehl
	Salz und Pfeffer
	Backfett – vorzugsweise Schweineschmalz – notfalls Öl

Die Tomatenstücke und die Zwiebeln mit Salz und Pfeffer würzen und mit 4 Esslöffeln Mehl gut vermischen, evtl. muss weiteres Mehl hinzugefügt werden. Die Mischung soll leicht binden, aber nicht pampig sein. Das Fett erhitzen und die Masse löffelweise mit einem großen Löffel ins heiße Fett hineingeben und plattdrücken. Die Fladen von beiden Seiten goldbraun braten.

Kartoffel-Zucchini-Fladen

6	mittelgroße Kartoffeln – geschält
2	Zucchini – geschält
1	mittlere Zwiebel – sehr fein gehackt
2	Eier
4	EL Mehl
1	Knoblauchzehe – sehr fein geschnitten – nur wenn gewünscht
1	kleine rote Chili – sehr fein geschnitten – nur wenn gewünscht
1 TL	Salz
½ TL	Pfeffer
	Öl

Kartoffeln und Zucchini raspeln. Zwiebeln, Eier, Mehl, Salz und Pfeffer hinzufügen und alles gut verrühren. Falls gewünscht die Knoblauchzehe und/oder die Chili dazugeben. Das Öl in einer Pfanne erhitzen. Je 2 Esslöffel Teig pro Fladen hineingeben und bei mittlerer Hitze von beiden Seiten je 3 bis 4 Minuten goldgelb braten.

Anstatt Knoblauch und Chili hinzuzufügen, kann man die Fladen auch mit einer milden oder schärferen Chili-Sauce servieren.

Corn-Fritters

750 g	frische Maiskörner oder eine große Dose Mais
2	Eier
60 g	Mehl
1 TL	Salz
1/8 TL	Pfeffer
1 TL	Backpulver
2 EL	Sahne
4 EL	Backfett

Die Eier verquirlen. Mais, Mehl, Backpulver, Salz und Pfeffer hinzufügen und gut verrühren. Zuletzt die Sahne dazugeben. Das Fett in einer Pfanne erhitzen und die Masse löffelweise in das heiße Fett geben. Die Küchlein von beiden Seiten goldbraun backen.
Ergibt ca. 16 bis 18 Fritters.

Bohnen-Fladen

1	mittlere Dose Kidneybohnen – abgetropft
1	mittlere Dose Kichererbsen – abgetropft
1	Zwiebel – sehr fein gewürfelt
1	Knoblauchzehe – fein gehackt
3 EL	Tomatenmark – 2-fach konzentriert
1 TL	Senf
1 TL	Paprikapulver, edelsüß
	Cayenne-Pfeffer – Menge nach Geschmack
	Öl

Die Kidneybohnen, Kichererbsen, Zwiebeln, Knoblauch und die Gewürze miteinander vermengen und anschließend zerstampfen. Öl in einer Pfanne erhitzen und die Masse mit einem großen Löffel portionsweise in die Pfanne geben, etwas glattstreichen und von beiden Seiten bei mittlerer Hitze braten, bis die kleinen Fladen goldbraun sind.
Die Bohnenfladen schmecken warm oder kalt sehr gut mit einem würzigen Dip oder auch als Beilage zu Fleischgerichten.

Zwiebelgemüse mit Äpfeln

4	milde, mittelgroße Zwiebeln – in Scheiben geschnitten
3	große Äpfel – geschält und in Scheiben geschnitten
2 EL	Butter
1 TL	Salz
120 ml	Wasser

Die Butter in einer Pfanne erhitzen und die Zwiebeln darin dünsten, bis die Zwiebeln fast weich sind. Die Äpfel, das Salz und das Wasser hinzufügen und zugedeckt simmern lassen, bis die Äpfel weich sind. Ohne Deckel weiter köcheln lassen, bis das Wasser absorbiert ist und die Zwiebeln und Äpfel goldbraun sind.

Honigzwiebeln

500 g	Zwiebeln – klein gehackt
6 ÖL	Olivenöl
200 ml	Wasser
4 EL	Honig
	Paprikapulver
	Oregano
	Salz und Pfeffer

Die Zwiebeln im Olivenöl goldgelb anbräunen. Das Wasser hinzufügen, die Gewürze einrühren und die Zwiebeln bei niedriger Hitze dünsten, bis die Flüssigkeit fast eingekocht ist. Den Honig einrühren und nochmals 5 Minuten köcheln lassen.
Die Honigzwiebeln schmecken sehr gut zu Geflügel

Kürbis-Brei (Apache)

	Kürbisfleisch
2 – 3 EL	gemahlene Sonnenblumenkerne je 250 g Kürbis – notfalls Maismehl
2 EL	Butter je 250 g Kürbis
	Salz nach Geschmack

Das Kürbisfleisch kochen, bis es weich ist. Anschließend zu Brei verarbeiten, die restlichen Zutaten unterrühren und servieren.

Auberginen-Pfanne (Navajo)

2	große Auberginen – in 1,5 cm dicke Scheiben geschnitten
10 EL	Öl
4	mittelgroße Tomaten – in Scheiben geschnitten
250 g	Schafskäse (z. B. Feta) – in Scheiben geschnitten
	Salz
	bunter Pfeffer
	Chilipulver
	frisches Basilikum – falls vorhanden

Das Öl in einer Pfanne erhitzen und die Auberginenscheiben darin unter Wenden braten. Auf Küchenpapier legen und etwas abtropfen lassen.
Gebratene Auberginen, Tomaten und Schafkäse in der Pfanne aufeinanderschichten und mit Salz, Pfeffer und etwas Chilipulver bestreuen. Bei niedriger Temperatur in der Pfanne zugedeckt erhitzen, bis der Käse etwas zerlaufen ist. Mit Basilikumblättern garniert servieren.
Für 2 Personen

Pilz-Gemüse-Pfanne

750 g	Wildpilze oder Kulturpilze – in Scheiben geschnitten
1	Zwiebel – fein gehackt
120 g	frischer Zuckermais oder 1 Minidose Mais ohne Saft
3	mittelgroße Tomaten – in Stücke geschnitten
1	Lorbeerblatt
2 EL	Speckwürfel
120 g	Sour Cream
	Salz und Pfeffer

Den Speck in einer Pfanne auslassen und die Zwiebeln im erhitzten Speckfett gar dünsten. Pilze und Mais hinzufügen und 10 Minuten bei niedriger Hitze köcheln lassen. Tomaten und Lorbeerblatt hinzufügen. Salzen und pfeffern und weitere 3 Minuten simmern lassen. Die Sour Cream einrühren und servieren.

Paprika am Lagerfeuer geröstet

Die Paprika wird auf die schwelende Glut gelegt und gelegentlich gewendet, bis sie rundherum schwarz ist und Blasen wirft. Anschließend wird die Schote in ein Gefäß mit kaltem Wasser getaucht und die schwarze Haut abgerubbelt, bis die Paprika wieder ihre ursprüngliche Farbe hat. Die Paprika in Streifen schneiden und die saftigen Schnitze nach Belieben mit Salz und Pfeffer würzen.

Maiskolben im Speckmantel

1 Maiskolben
2 Scheiben Frühstücksspeck – dünn geschnitten
→Cajun-Rub

Den Maiskolben mit dem Cajun-Rub würzen und mit den Speckstreifen umhüllen. Anschließend in eine Folie einwickeln und auf den Grill legen. Die Gesamtgrillzeit beträgt etwa 30 – 40 Minuten. Das Paket alle 10 Minuten umdrehen.

Sehr gut schmeckt dazu →Jalapeño-Limetten-Butter.

Maiskolben in Blättern

Maiskolben mit Blättern
Butter
Salz

Die Blätter zurückschieben und die Haare vom Kolben entfernen. Den Mais wieder in die Blätter einwickeln und die Maiskolben mindestens 30 Minuten wässern. 20 Minuten lang bei 175 °C im geschlossenen Grill oder auf einem offenen Grill 25 Minuten von allen Seiten grillen. Den Kolbenansatz unten abschneiden, die Blätter abziehen und den Kolben mit Butter einreiben und salzen.
Sehr gut schmeckt dazu →Jalapeño-Limetten-Butter.

Maiskolben Diabolo

8	**Maiskolben**
½	**Limette – ausgepresst**
	etwas geraspelte Limettenschale
250 g	**Butter – Zimmertemperatur**
2 TL	**Jalapeños – sehr fein gehackt**
	oder ¼ TL Cayenne-Pfeffer + ¼ TL Chilipulver
1 EL	**Petersilie oder Koriander – klein gehackt**
	Salz

Alle Zutaten mit der Butter gut vermengen und die Masse mindestens 1 Stunde an einem kühlen Ort ziehen lassen. Die Maiskolben dick mit der Kräuterbutter bestreichen und in Alufolie wickeln. Für etwa 20 Minuten auf den Grill legen, zwischendurch wenden. Die Maiskolben werden im Ganzen oder auch in Stücke geschnitten serviert. Vorsicht, diese Maiskolben sind sehr scharf!
Sollte kein Grill zu Verfügung stehen, können die Maiskolben weichgekocht werden. Sie werden in diesem Fall erst beim Servieren mit der Butter bestrichen.

Walnuss-Mais (Mohawk)

1	mittlere Dose Mais - ohne Flüssigkeit
1	Zwiebel - fein gewürfelt
3 EL	Walnussöl
½ TL	Cayenne-Pfeffer
100 g	Walnüsse - grob gehackt
3	Nadeln von einem Rosmarinzweig - sehr fein gehackt
	Salz

Die Walnüsse in einer Pfanne mit wenig Fett rösten und aus der Pfanne nehmen. Walnussöl in der Pfanne erhitzen und die Zwiebeln bei mittlerer Temperatur glasig dünsten. Den Mais hinzufügen und mit Salz, Cayenne-Pfeffer und Rosmarin würzen. Die Walnüsse in den Mais einrühren.

Mais-Kürbis-Gemüse (Pueblo)

300 g	Maiskerne oder eine mittelgroße Dose Mais
1	Zwiebel - klein gehackt
1	Knoblauchzehe - gepresst
250 g	Kürbisfleisch - gewürfelt
2	Tomaten - grob gewürfelt
50 g	geriebener Käse
	Salz und Pfeffer nach Geschmack

Den Mais, die Zwiebeln und den Knoblauch in einen Topf geben und etwas Wasser hinzufügen. 5 Minuten lang kochen lassen, den Kürbis unterrühren und 10 Minuten weiterkochen lassen. Die Tomaten hinzufügen und nur so lange köcheln lassen, bis sie warm, aber nicht matschig sind. Mit Salz und Pfeffer würzen. Den Käse einrühren und servieren.

Heartland Ranch Mais

1	**große Dose Mais – abgetropft**
100 g	**Speck – klein gewürfelt**
1	**große Zwiebel – klein gehackt**
1	**Knoblauchzehe – zerquetscht**
5 EL	**mittelscharfe Chili-Sauce – nach Geschmack auch mehr**

Den Speck in einer Pfanne auslassen. Zwiebeln und Knoblauch hinzugeben und glasig werden lassen. Die Chili-Sauce hinzufügen und alles verrühren. Den Mais hinzufügen und unterrühren. Nochmals kurz erhitzen und servieren.

Zucchini-Mais-Pfanne

2	**große Zucchini – in Stücke oder Scheiben geschnitten**
1	**mittlere Dose Mais – abgegossen**
150 g	**ungesalzene Erdnüsse – gehackt**
200 g	**Frischkäse – Kräuter oder Chili, je nach Geschmack**
	Salz und Pfeffer
	Öl

Das Öl erhitzen, Zucchini darin kurz anbraten und die Hitze verringern. Den Mais und die Erdnüsse hinzufügen etwa 3 Minuten köcheln lassen. Anschließend den Frischkäse hinzufügen und unter Rühren schmelzen lassen. Mit Salz und Pfeffer abschmecken, je nach Geschmack mit weiteren Gewürzen ergänzen. Alles gemeinsam noch 3 bis 4 Minuten weiter köcheln lassen.

Das Gemüse ist eine leckere Beilage zu Fisch, Fleisch oder auch Kartoffeln.

Das Gericht kann durch fein geschnittene Zwiebeln oder Tomaten ergänzt werden.

Suppen und Eintöpfe

Haselnuss-Suppe (Huronen)

500 g	Haselnüsse – gemahlen
1 l	Fleischbrühe
2	Frühlingszwiebeln – in Ringe geschnitten
2 EL	Petersilie – gehackt
1 TL	Salz
	Pfeffer nach Geschmack

Alle Zutaten in einem großen Topf unter gelegentlichem Umrühren ungefähr 1 Stunde köcheln lassen. Heiß servieren.
Da die Suppe sehr nahrhaft ist, empfiehlt es sich, kleine Portionen zu servieren.

Tamanis Erdnuss-Suppe

250 g	geröstete Erdnüsse – fein gehackt – notfalls Pinienkerne oder Mandeln
½ l	Hühnerbrühe
½ l	Milch
	Salz und Pfeffer

Alle Zutaten in einem großen Topf aufkochen und 5 Minuten weiterkochen lassen, dabei gelegentlich umrühren. Anschließend die Hitze reduzieren und unter Rühren noch 10 Minuten köcheln lassen. Mit Salz und Pfeffer würzen.
Die Suppe kann heiß oder gekühlt serviert werden.

Pilz-Suppe nach Trapper-Art

250 g	Pilze – grob zerhackt
750 ml	Fleischbrühe
2	Wildzwiebeln oder Frühlingszwiebeln – klein geschnitten
1 EL	Butter
	Salz und Pfeffer

Alle Zutaten in der Fleischbrühe zum Kochen bringen und 30 bis 40 Minuten bei schwacher Hitze köcheln lassen. Nach Geschmack salzen und pfeffern.

Beeren-Suppe

500 g	**frische Blaubeeren, schwarze Johannisbeeren oder Brombeeren oder 200 g getrocknete Beeren**
1,5 l	**Gemüsebrühe**
125 g	**Zucker**
125 ml	**Wasser – mit 4 EL Mehl verrührt**

Die frischen oder eingeweichten Beeren in die Brühe geben und kochen, bis die Beeren ganz weich sind. Den Zucker und die Fleischstückchen vor dem Garwerden hinzugeben. Die Mischung aus Wasser und Mehl einrühren und kurz aufkochen lassen, damit die Suppe dicker wird.

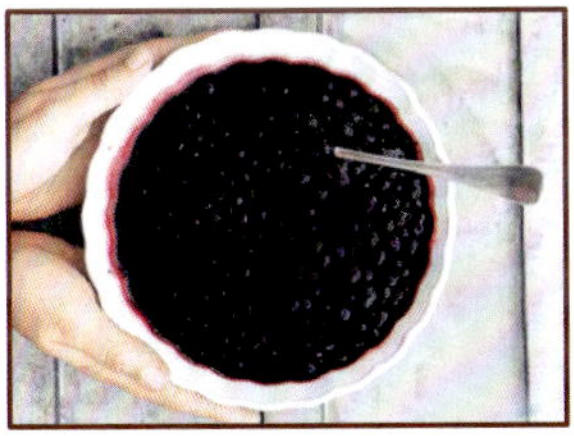

Eier-Suppe von der Juniper Hill Farm

500 ml	**Milch**
3	**Eier – gut verquirlt**
	Petersilie – klein gehackt
	Salz und Pfeffer

Die Milch zum Kochen bringen und die Eier hinzufügen. Unter ständigem Rühren für eine Minute aufkochen lassen. Vor dem Servieren würzen und mit Petersilie bestreuen.

Dazu schmeckt →Fladenbrot sehr gut.

Eiersuppe wird in anderen Regionen auch mit Hühner- oder Gemüsebrühe zubereitet und mit Lauchzwiebel- oder Schnittlauchringen bestreut. Zum Binden wird etwas Speisestärke eingerührt.

Grandy's Tomato-Soup

1 kg	Tomaten - fein gehackt - notfalls 2 mittlere Dosen Tomaten
1	große Zwiebel - fein geschnitten
1 EL	Butter
1 EL	Mehl
5 EL	Frischkäse
	Muskatnuss - gerieben
	Basilikumblätter - fein gehackt - notfalls Petersilie
	Salz und Pfeffer

Die Zwiebeln im Fett glasig dünsten, das Mehl einrühren und die Tomaten dazu geben. Mit etwas Muskatnuss, Salz und Pfeffer würzen. Etwa 5 Minuten köcheln lassen. Den Frischkäse und das Basilikum unterrühren und kurz aufkochen lassen. Sofort von der Feuerstelle nehmen und servieren.

Wer es scharf liebt, kann Jalapeño-Frischkäse verwenden oder 1 oder 2 Spritzer Tabasco dazu geben.

Tomaten-Apfel-Suppe (Pueblo)

1 l	Hühnerbrühe - notfalls Gemüsebrühe
1 kg	Tomaten - in große Stücke geschnitten
1	mittelgroßer Apfel - geschält und in Stücke geschnitten
1	mittelgroße Zwiebel - in Scheiben geschnitten
1 EL	frischer Dill - gehackt
2	Lorbeerblätter
1 TL	Salz

Alle Zutaten in einen Topf geben und aufkochen. Anschließend 30 bis 40 Minuten köcheln lassen. Die Suppe kann heiß oder gekühlt serviert werden.

Old Caps Zwiebel-Suppe

Zwiebelsuppe gehörte zu den Notrezepten in allen Situationen, denn Zwiebeln, ob getrocknet oder frisch, waren fast immer vorhanden. Im Winter, wenn die Männer durchgefroren von der Rancharbeit hereinkamen, weckte so eine Zwiebelsuppe die Lebensgeister wieder. In vielen Siedlerfamilien war sie allerdings manchmal auch das Einzige, was die Hausfrau auf den Tisch bringen konnte, wenn schmale Zeiten herrschten.
Old Caps Enkelin erzählte, dass diese Suppe ihren Großvater, als er noch nicht verheiratet war, in vielen kalten Wintern in seinem Blockhaus am Fuß der Rocky Mountains in Nord-New Mexico von Innen aufgewärmt habe, wenn er fast erfroren hereingestapft sei. Da man sie auf Vorrat kochen und schnell heiß machen konnte, war sie ideal. Käse war im Gegensatz zum Brandy nicht so oft vorhanden. Lachend erinnert sich Old Caps Enkelin, dass ihr Großvater später immer heimlich Brandy in seinen Teller schüttete und ihr dabei verschwörerisch zuzwinkerte. Grandma verabscheute generell Alkohol und war der Ansicht, dass er besonders in einer Suppe nichts zu suchen hätte.

4	**große Zwiebeln – in dünne Scheiben geschnitten**
100 g	**Bacon – fein gewürfelt**
1,5 l	**Rinder- oder eine andere Brühe**
	Salz und Pfeffer
100 g	**Hartkäse – fein gerieben**
	Brandy nach Geschmack – falls gewünscht

Den Bacon in einem großen Topf auslassen und die Zwiebeln bei mittlerer Temperatur in dem Fett leicht braun werden lassen. Die Brühe hinzufügen und kräftig mit Salz und Pfeffer abschmecken. 30 Minuten simmern lassen, dann kurz aufkochen. Die sehr heiße Suppe auf die Teller füllen und sofort Käse darüber streuen, damit er schmelzen kann. Falls gewünscht je Teller 1 – 2 Teelöffel Brandy einrühren.
Dazu Brot servieren.

Dan's Cheddar-Cheese-Soup

200 ml	Hühnerbrühe – notfalls aus Brühwürfeln
1 l	Milch
200 g	Cheddar-Käse – gerieben
2 EL	Butter
1	Zwiebel – fein gehackt
2 EL	Mehl
1 TL	mittelscharfer Senf
½ TL	Selleriepulver
½ TL	Worcestershire-Sauce
⅛ TL	schwarzer Pfeffer

Die Butter in einem schweren Topf erhitzen und die Zwiebeln darin dünsten. Das Mehl darüber streuen und 2 Minuten weiter dünsten. Brühe und Milch hinzufügen und aufkochen lassen. Die restlichen Zutaten dazugeben und alles umrühren, bis der Käse geschmolzen und die Suppe cremig ist. Danach sofort servieren, da der Käse sonst wieder fest wird und unschöne Fäden zieht.

Süßkartoffel-Suppe

2	mittelgroße Süßkartoffeln – geschält, in kleine Stücke geschnitten
720 ml	Hühner- oder Gemüsebrühe
1	mittelgroße Dose Kidneybohnen – abgetropft
1 EL	Öl
1 EL	Butter
1	große Zwiebel – fein gehackt
2 EL	Zitronensaft
½ TL	schwarzer Pfeffer
6 EL	Saure Sahne
	Petersilie – gehackt

Die Zwiebeln in Öl und Butter glasig dünsten. Die Brühe und den Zitronensaft hinzufügen und zum Kochen bringen. Die Süßkartoffeln direkt in das kochende Wasser geben und bei mittlerer Hitze etwa 20 Minuten köcheln lassen. Die Bohnen und den Pfeffer hinzufügen und nochmals 2 Minuten weitersimmern lassen. Anschließend die Saure Sahne einrühren.
Mit Petersilie bestreut servieren.

Kürbis-Suppe

500 g	Kürbisfleisch – gekocht und püriert oder zerdrückt
500 ml	Milch
2 EL	Butter
2 EL	brauner Zucker
2 EL	Honig
½ TL	Majoran
½ TL	Zimt
½ TL	Muskatnuss
	Pfeffer und Salz nach Geschmack

Die Milch in einem Topf erwärmen und die Butter einrühren. Den Kürbismus und den Honig hinzufügen. Den Zucker mit den Gewürzen vermischen und unterrühren. Die Suppe langsam erhitzen, aber nicht aufkochen lassen.

Rio Pecos Mais-Suppe

4	mittelgroße Kartoffeln – klein gewürfelt
240 ml	Wasser
3	dicke Scheiben gestreifter Speck – klein geschnitten
1	mittelgroße Zwiebel – klein geschnitten
1	mittlere Dose Mais
240 ml	Milch
	Chilipulver falls gewünscht

Die Kartoffeln 10 bis 15 Minuten kochen und abgießen. Den Speck in einem Topf auslassen, die Zwiebeln hinzufügen und braten lassen, bis sie weich sind. Kartoffeln und den Mais mit dem Saft hinzufügen. Die Milch dazugeben und nach Geschmack mit Salz und Pfeffer würzen. 10 Minuten lang köcheln lassen.
Wer eine dickere Suppe bevorzugt, fügt 1 oder 2 Esslöffel Mehl hinzu, bevor die Milch eingerührt wird. Mit Chilipulver kann man der Suppe etwas Schärfe geben.

Chuck Wagon-Soup Pecan Hill Ranch

500 g	Rindfleisch – in Würfel geschnitten
1	kleine rote Chili – entkernt und fein gehackt
1	kleine Knoblauchzehe – sehr fein gehackt
1	mittelgroße Zwiebel – klein gehackt
1	große Dose Kidney-Bohnen – den Bohnensaft beiseite stellen
1	große Dose Mais – den Maissaft beiseite stellen
	Salz und Pfeffer
	Chilipulver nach Geschmack
	Öl

Bei mittlerer Hitze das Fleisch in einem großen Topf in erhitztem Öl braun werden lassen. Die Temperatur herunterstellen. Zwiebeln, Knoblauch und Chili hinzufügen und glasig werden lassen. Anschließend den Bohnen- und Maissaft hinzufügen und 45 Minuten köcheln lassen. Salzen und pfeffern. Bohnen und Mais hinzugeben und nochmals 15 Minuten weiterköcheln lassen. Sollte nicht genügend Flüssigkeit vorhanden sein, etwas Wasser nachgießen. Für eine dickere Suppe etwas Mehl einrühren.
Mit Chilipulver nach dem Servieren der Suppe individuell würzen.

Fleisch-Suppe mit Beeren (Blackfoot)

750 g	Rindfleisch – klein gewürfelt
1 l	Fleischbrühe
3 EL	Schmalz oder Pflanzenöl
4	Frühlingszwiebeln – in Ringe geschnitten
150 g	frische Blaubeeren oder Brombeeren
1 EL	Honig
	Salz und Pfeffer nach Geschmack

Das Fleisch im Fett anbräunen. Brühe, Frühlingszwiebeln, Beeren und Honig hinzufügen. Die Suppe ungefähr 1 Stunde köcheln lassen, bis das Fleisch zart ist. Mit Salz und Pfeffer würzen.

Fisch-Suppe (Irokesen)

500 g	Fischfilet (was gefangen wurde) – in Stücke geschnitten
1 l	Wasser
	Maismehl
500 g	verschiedene Wildgemüse wie Löwenzahn, wilde Zwiebeln, Wildkohlblätter (alles was zu finden ist) – klein geschnitten – ersatzweise beliebiges Zuchtgemüse wie: Porree, Lauchzwiebeln, Tomaten, Weißkohl usw.
	Salz und Pfeffer

Den Fisch im Wasser garziehen lassen und herausnehmen. Die Brühe mit Salz und etwas Pfeffer würzen und so viel Maismehl einrühren, bis eine gebundene Suppe entsteht. Das Wildgemüse in der Suppe gar kochen. Zuletzt den Fisch wieder in die Suppe geben.

Zanettis Maccaroni

700 g	Rindergehacktes
500 g	Maccaroni
1	kleine Dose Tomaten
1	große Zwiebel – klein gehackt
1 TL	Chilipulver
	Knoblauch-Pulver, Salz und Pfeffer nach Geschmack
	Öl

Fleisch und Zwiebeln in einem großen Topf anbraten. Die Gewürze einrühren. Die Tomaten hinzufügen und umrühren. In der Zwischenzeit die Maccaroni fast gar kochen. Zum Fleisch hinzugeben und nochmals 15 Minuten zugedeckt köcheln lassen.

Nudel-Zucchini-Topf

500 g	kleine Nudeln
1	große Zucchini – geschält und fein gewürfelt
100 g	gekochter Schinken – gewürfelt
200 ml	Sahne
3	Knoblauchzehen – fein gehackt
80 g	Hartkäse – welcher gerade zur Hand ist – in sehr kleine Stücke geschnitten oder geraspelt
	Salz und Pfeffer
	Öl

Die Nudeln 30 Minuten lang wässern, dann abgießen. Die Zucchini zusammen mit dem Knoblauch kurz in etwas Öl in dem Topf anbraten. Danach die Sahne und die Nudeln dazugeben und alles köcheln lassen, bis die Nudeln und die Zucchinistücke weichgekocht sind. Anschließend den Käse einrühren, großzügig pfeffern und etwas salzen. Das Gericht bei kleiner Flamme ziehen lassen, bis der Käse geschmolzen ist. Solange die Platte noch so heiß ist, dass die Sauce köchelt, weiter umrühren, damit der Käse nicht anbrennt.

Corned Beef Pot

2	Dosen Corned Beef – in Stücke geschnitten
1,5 kg	Kartoffeln, mehlig – geschält und in Stücke geschnitten
¾ l	Fleischbrühe
3	große Zwiebeln – gewürfelt
	Bratfett
	Salz und Pfeffer nach Geschmack
	eingelegte Gurken

Die Kartoffeln in der Fleischbrühe kochen und stampfen. In der Zwischenzeit das Corned Beef zusammen mit den Zwiebeln im Bratfett in einer Pfanne anbraten und bei niedriger Hitze unter Rühren köcheln lassen, bis die Zwiebeln weich sind. Den Inhalt der Pfanne in den Kartoffeltopf geben. Mit Salz und Pfeffer würzen und gut miteinander verrühren.

Mit eingelegten Gurken als Beilage servieren.

Poor-Man-Chili

500 g	Rinderhackfleisch oder gemischtes Gehacktes
1	Zwiebel – klein gehackt
3	mittelgroße Dosen rote Kidney-Bohnen
1 EL	Maismehl
3	Knoblauchzehen – zerquetscht
2 TL	Chilipulver
	Salz und Pfeffer
	Öl

Das Öl in einem Topf erhitzen und bei mittlerer Temperatur die Zwiebeln goldgelb werden lassen. Das Fleisch hinzufügen und gut anbraten, bis es gleichmäßig braun ist. Mehl einrühren und den Eintopf aufkochen lassen. Anschließend Bohnen, Knoblauch und Chilipulver hinzufügen. Mit Salz und Pfeffer nach Geschmack würzen. Den Eintopf zugedeckt 30 Minuten köcheln lassen. Vor dem Servieren nochmals mit Chili, Salz und Pfeffer abschmecken.

Cowboy-Beans-Pot

1	Dose (Glas) Würstchen – etwa 400 g – in Stücke geschnitten
2	mittlere Dosen Baked Beans
1	mittelgroße Zwiebel – klein geschnitten
	Chilipulver – mild oder scharf nach Geschmack
	Salz und Pfeffer
	Öl
50 g	geriebener Hartkäse

Öl erhitzen und die Würstchen und Zwiebeln darin goldbraun braten. Die Baked Beans hinzufügen und den Eintopf mit Chili, Pfeffer und Salz nach Belieben würzen. Etwa 4 bis 5 Minuten köcheln lassen. Vor dem Servieren mit dem Käse bestreuen.

Dazu schmeckt →Fladenbrot sehr gut.

Chili-Pfanne (Pueblo)

1 kg	Rindergehacktes
5	mittelgroße Kartoffeln – in Scheiben geschnitten
5	große grüne Chilischoten – entkernt und klein gehackt
1	große Zwiebel – gehackt
240 ml	Wasser
	Salz
	Öl

Das Öl erhitzen, die Zwiebeln und das Fleisch darin anbraten. Anschließend die restlichen Zutaten hinzufügen, alles gut durchrühren und zugedeckt etwa 30 Minuten köcheln lassen, oder bis die Kartoffeln gar sind.

Cowboy-Mais-Pfanne

500 g	Rinderhackfleisch oder gemischtes Gehacktes
100 g	Bacon – gewürfelt
3	große Zwiebeln – fein gehackt
500 g	Maiskörner – frisch gekocht oder aus der Dose
¼ TL	Paprika – scharf oder mild nach Geschmack
3 EL	Mehl
400 ml	Wasser
3 EL	Butter
	Salz und Pfeffer

Den Bacon auslassen und das Fleisch und die Zwiebeln darin braten. Salz, Pfeffer und Paprika nach Geschmack hinzufügen. Das Mehl darüber streuen und mit dem Wasser langsam ablöschen. 2 bis 3 Minuten kochen lassen und dabei umrühren, bis die Sauce dicklich wird.

Die Butter in einem Topf erhitzen und den Mais darin erwärmen. Anschließend in die heiße Fleischmixtur einrühren und nochmals 10 bis 15 Minuten mit geschlossenem Deckel köcheln lassen.

Curly Bill's Pinto-Beans

400 g gekochter Schinken – in Würfel geschnitten
1 große Dose Pinto-Bohnen – abgetropft
1 l Wasser
4 große Tomaten – fein gehackt
120 g brauner Zucker oder Honig
Öl oder Speckwürfel
Salz nach Geschmack

Den Schinken in dem Fett anbraten. Anschließend die Bohnen, Tomaten und das Wasser hinzufügen. Bei mittlerer Hitze ungefähr 30 Minuten köcheln lassen. Den braunen Zucker oder den Honig und, falls erforderlich, zusätzliches Wasser hinzufügen, sodass die Flüssigkeit etwa 5 cm über den Bohnen steht. Noch weitere 10 Minuten zugedeckt köcheln lassen und mit Salz abschmecken.

Trapper-Stew

Dieser Eintopf, eine traditionelle Trapper-Mahlzeit, wurde für mehrere Tage gekocht und mit →Bannock gegessen. Die Art des Fleisches richtete sich danach, was der Trapper erlegt hatte.

1 kg Fleisch, was immer da ist – in Würfel geschnitten
100 g fetter Speck – in Würfel geschnitten
1 kleiner Kohlkopf – geschreddert
6 Kartoffeln – in Würfel geschnitten
6 Möhren – in Würfel geschnitten
2 große Zwiebeln – klein geschnitten
1 Lorbeerblatt
Salz und Pfeffer nach Geschmack
etwas Mehl

Den Speck in einem schweren Topf mit Deckel auslassen und anschließend das Fleisch darin anbräunen. Mit Wasser bedecken und 1 Stunde köcheln lassen. Karotten, Kartoffeln, Zwiebeln, den Kohl und das Lorbeerblatt hinzufügen. Salzen und pfeffern und 30 Minuten weiter köcheln lassen oder bis das Fleisch gar und der Kohl weich ist. Zum Andicken kann Mehl verwendet werden, das zuerst in ein wenig kaltem Wasser angerührt wird.

Zucchini-Mais-Eintopf (Papago)

750 g	Rind-, Schweine- oder Lammfleisch – gewürfelt
4 EL	Bratfett
120 ml	Wasser
4	große Zucchini – gewürfelt
2	mittelgroße Zwiebeln – gewürfelt
1	Knoblauchzehe – zerquetscht
1	mittlere Dose Mais oder frische Maiskörner von 4 Kolben
3 – 4	grüne Chilis – entkernt und fein gehackt
	Salz

Das Fleisch in 2 Esslöffeln Bratfett anbraten, das Wasser hinzufügen und etwa 30 Minuten zugedeckt köcheln lassen. In einem Topf Zwiebeln und die Knoblauchzehe im restlichen Fett glasig werden lassen. Anschließend Zucchini, den abgetropften Mais und Chili hinzufügen und mit Salz abschmecken. Das Fleisch mit der Brühe einrühren und etwa 20 Minuten simmern lassen.

Gemüsetopf Rio Grande Valley

750 g	Rindergulasch – klein gewürfelt
2	Zucchini – geschält, längs halbiert, in Scheiben geschnitten
2	Auberginen – geschält, längs geviertelt, in Scheiben geschnitten
2	Paprikaschoten, möglichst rot – in Stücke geschnitten
2	mittlere Zwiebeln – klein geschnitten
2	Knoblauchzehen – geschält
	Pfeffer und Salz
je 1	Rosmarin und Thymianzweig – notfalls Pulver
	Öl

Das Rindfleisch im Öl von allen Seiten bräunen und aus der Pfanne nehmen. Noch etwas Öl zugießen und die Zwiebeln und Knoblauchzehen darin anbraten. Anschließend das Gemüse, Pfeffer und Salz dazugeben und verrühren. Die Würzzweige unter das Gemüse legen und alles bei geringer bis mittlerer Hitze 10 bis 15 Minuten fast gar dünsten. Das Fleisch in das Gemüse einrühren und das Gericht vor dem Servieren noch 10 Minuten in der Pfanne durchziehen lassen.

Schweinefleisch

Sam Turner's Meatball-Pot

500 g	Hackfleisch vom Schwein oder halb und halb
20	pflaumengroße Kartoffeln
125 g	frische weiße Brotkrumen
250 ml	Fleischbrühe
2 EL	Olivenöl
2 EL	Butter
1	mittelgroße Zwiebel - gehackt
2	Knoblauchzehen - zerquetscht
5 EL	frische Petersilie - fein gehackt
3 TL	süßes Paprikapulver
1 Prise	Cayenne-Pfeffer
1 EL	Mehl

Die Kartoffeln fast gar kochen und pellen. Hackfleisch, Brotkrumen, Petersilie und Knoblauch gut miteinander vermengen und pflaumengroße Fleischklößchen formen. Öl und Butter in einem Topf erhitzen und die Klöße bei mittlerer Hitze etwa 3 bis 4 Minuten darin braten. Die Klöße aus dem Topf nehmen und Zwiebeln, Paprikapulver, Cayenne-Pfeffer und das Mehl im Topf verrühren und 2 Minuten lang braten lassen. Jetzt die Bouillon langsam einrühren und köcheln lassen, bis eine geschmeidige, eingedickte Sauce entstanden ist. Die Klößchen und die Kartoffeln hinzufügen und das Gericht nochmals etwa 15 Minuten bei schwacher Hitze köcheln lassen.

Steak-Finger

750 g	Schinkenbraten - in fingerdicke, 5 cm lange Streifen geschnitten
4 EL	→*Tomatensauce*
4 EL	Apfelessig
1 TL	Salz
1 TL	Pfeffer
100 g	Mehl
1	Knoblauchzehe - zerdrückt
	Öl

Die Tomatensauce, Essig, Salz, Pfeffer und Knoblauch gut vermischen. Das Fleisch in die Mixtur tunken und anschließend in Mehl wälzen. In erhitztem Öl etwa 2 bis 3 Minuten braten.

Mit einer scharfen →BBQ-Sauce servieren. Sollten Tomatensauce und Apfelessig nicht verfügbar sein, einfach Ketchup in entsprechender Menge verwenden.

Lumberjack-Steaks

4 - 6	große Nackensteaks oder Koteletts
1	mittelgroße Zwiebel - fein gewürfelt
7 EL	mittelscharfer Senf
100 ml	Crème Fraîche, Schmand oder Sauerrahm
100 ml	helles Bier
	Pfeffer und Salz

Crème Fraîche, Bier, Senf und Zwiebeln verrühren und etwas Pfeffer hinzufügen. Die Steaks in der Sauce wenden und anschließend zugedeckt 5 Stunden, wenn möglich an einem kühlen Ort ziehen lassen. Die Steaks von beiden Seiten je nach Größe insgesamt 5 bis 7 Minuten grillen.

Old Snake's Steak-Pot

6	Schweinesteaks oder Koteletts
3 EL	Öl
	Salz und Pfeffer
1	mittelgroße Zwiebel - klein gehackt
1	Selleriestange - klein gehackt
2 EL	Mehl
360 ml	Wasser
1	Lorbeerblatt
160 ml	Bier

Öl in einer gusseisernen Pfanne erhitzen. Die Steaks darin anbraten. Aus der Pfanne nehmen, salzen und pfeffern. Zwiebeln und Sellerie im restlichen Fett dünsten. Das Mehl einstreuen und bräunen lassen. Das Wasser hinzufügen und umrühren, bis eine glatte Masse entsteht. Die Steaks und das Lorbeerblatt in die Pfanne geben und 15 Minuten köcheln lassen. Als Letztes das Bier hinzufügen und nochmals 15 Minuten simmern lassen.

San Ygnacio Chops

4	Nackensteaks à 200 – 250 g
4 EL	Whiskey
4 EL	Orangenmarmelade
1 EL	Orangensaft
1 EL	brauner Zucker
3	Gewürznelken
2	Knoblauchzehen – fein gehackt
	Pfeffer

Whiskey, Orangenmarmelade, Orangensaft und Zucker gut miteinander verrühren. Knoblauch, Gewürznelken und Pfeffer dazugeben. Die Steaks in eine Form legen, mit der Marinade übergießen, abdecken und ein paar Stunden an einem kühlen Ort ziehen lassen. Vor dem Grillen die Steaks aus der Marinade nehmen. Die Marinade 10 Minuten köcheln lassen oder bis sie eindickt. Anschließend die Steaks mit der Marinade von beiden Seiten einpinseln und von beiden Seiten grillen. Vor dem Wenden nochmals mit der Marinade bestreichen.

Ranch Chops

4	Nackensteaks
1	kleine Dose Pinto- oder Kidneybohnen – gut abgetropft; das Bohnenwasser beiseite stellen
100 g	gestreifter Speck – gewürfelt
1	Zwiebel – fein gehackt
1	Knoblauchzehe – zerdrückt
1	rote Chili – entkernt und fein gehackt
1 EL	Chilipulver
1 TL	Salz
	Pfeffer nach Geschmack

Die Steaks in einer Pfanne anbraten und herausnehmen. In der gleichen Pfanne den Speck anbraten, bis er leicht braun ist. Zwiebeln, Knoblauch und Chili hinzufügen und glasig werden lassen. Die Bohnen mit etwas Bohnenwasser einrühren. Anschließend mit Chilipulver, Salz und Pfeffer würzen und verrühren. Die angebräunten Steaks auf die Bohnen legen und alles zusammen zugedeckt etwa 45 Minuten simmern lassen. Falls erforderlich, ein wenig Bohnenwasser nachgeben.

Ribs

Dafür werden in der Regel Spareribs (Schälrippchen mit etwas Knorpel) oder Loin Ribs (Kotelettrippen) verwendet. Die fleischigeren Spareribs mit ihren flachen, etwas breiteren Knochen gelten als geschmacksintensiv und saftig, da sie etwas fettreicher sind. Bei Loin Ribs mit ihren kurzen, gebogenen, eher rundlichen Knochen, die enger zusammenstehen, sollte man darauf achten, dass sie nicht zu nahe am Knochen abgeschnitten werden, sondern noch genügend Fleisch haben. Gelegentlich wird auch die fleischige und fettere Dicke Rippe verwendet.

Die Art der Zubereitung hängt vom Grill als solches, seiner Kapazität und der Anzahl der Gäste ab. Neben den Zubereitungsarten variieren ebenso die Vorlieben, wie die Rippchen verspeist werden. Die einen bevorzugen die gewürzten oder marinierten Rippchen so, wie sie sind, für andere sind sie ohne eine herzhafte BBQ-Sauce nicht denkbar.

Langsam gegart bei geringer Hitzezufuhr nehmen die Rippchen auf dem Holzkohlegrill direkt das Aroma des Holzes an, beim →Gasgrill mittels einer Hilfsvariante. Ist nicht viel Zeit, kann man die Rippchen auch vorgaren.

Je nachdem, wie fleischig die Ribs sind, rechnet man etwa 500 bis 600 g pro Person, wenn Beilagen dazu gereicht werden.

Spareribs oder Loin Ribs vorgegart

Ganze Rippchen-Seiten – die Anzahl richtet sich nach der Zahl der Gäste.

Das Vorgaren empfiehlt sich insbesondere dann, wenn nur ein offener Grill zur Verfügung steht. Vorgegarte Rippchen brauchen auf dem Grill dann nicht mehr so lange, bleiben zudem zarter und saftiger und werden von außen nicht zu dunkel. Die vorgegarten Rippchen werden auf dem Grill lediglich erhitzt und ihnen eine knusprige Kruste verpasst.

Vorgaren im Backofen oder geschlossenen Grill

Die Rippchen-Seiten, nach Gusto mariniert und gewürzt oder auch nicht, werden im geschlossenen Grill oder im Backofen langsam bei niedriger Temperatur vorgegart. Dazu den Backofen oder Grill auf 100 °C vorheizen. Die Rippchen mit der Fleischseite nach unten nebeneinander auf ein Backblech legen und mit Alufolie bedecken. Oder für den geschlossenen Grill in Alufolie einwickeln. Die Rippchen etwa 2 Stunden bei 100 °C garen lassen.

Vorkochen

Man kann die Rippchen auch vorkochen, allerdings verlieren sie dabei an Geschmack und können erst danach mariniert und gewürzt werden.
Die Rippchen-Seite in Stücke von jeweils 2 bis 3 Rippen schneiden. In einem großen Topf aufkochen und anschließend bei niedriger Hitze 10 bis 15 Minuten köcheln lassen.

Grillen

Ob vorgaren oder vorkochen, in beiden Fällen können die Rippchen bereits schon am Morgen vorbereitet werden. Wurden die Rippchen mariniert oder mit einem Rub vorbereitet, sind sie fertig für den Grill. Falls nicht, kann man sie mit einer →*BBQ-Sauce* einpinseln, mit einem →*Rub* würzen oder für ein paar Stunden in einer →*Marinade* einlegen. Anschließend von beiden Seiten grillen, bis sie braun und knusprig sind. Falls nicht schon geschehen, in Portionstücke von 2 bis 4 Rippen schneiden und je nach Geschmack mit →*BBQ-Sauce* servieren.

Rio Grande Ribs

2 kg	**Schweinerippchen – sehr fleischig**
2	**Knoblauchzehen – fein gehackt**
1	**rote Chili – entkernt und sehr fein gehackt**
1	**Dose Tomatenmark (70 g)**
7 EL	**Honig**
4 EL	**Orangensaft**
4 EL	**Apfelessig**
4 EL	**Worcestershire-Sauce**
	Pfeffer

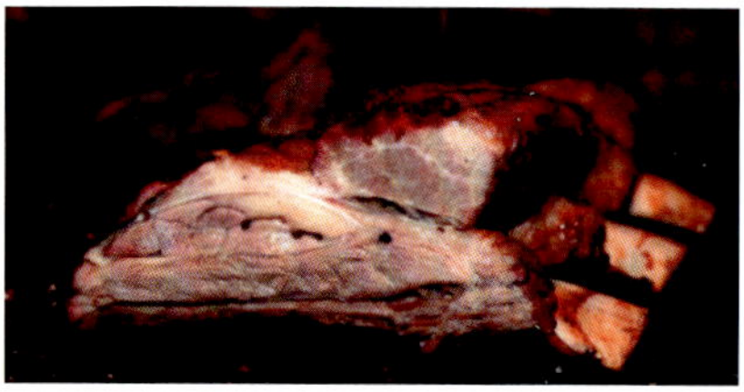

Alle Zutaten für die Marinade zu einer glatten Sauce verrühren. Die Schweinerippchen in eine flache Schale legen und die Marinade gut darauf verteilen. Die Schale mit einer Folie abdecken und ein paar Stunden an einem kühlen Ort ziehen lassen. Die Rippchen des Öfteren in der Marinade wenden.
Den Grill auf mittlere Hitze bringen, die Ribs aus der Marinade nehmen und mit der Fleischseite nach unten auf den Grill legen. Etwa 10 Minuten grillen und zwischendurch oben mit der Marinade einpinseln. Danach wenden, von der anderen Seite ebenfalls 10 Minuten grillen und mit der Marinade bestreichen. Wenn die Ribs knusprig-braun sind, in Portionen von 3 bis 4 Rippen teilen und sofort servieren.

Lilac Ranch Ribs

2 kg	Schälrippchen - in Stücke von je 3 Rippen geschnitten
1	kleine Zwiebel - fein gehackt
4	große Knoblauchzehen - zerdrückt
2 TL	Chili-Sauce - mild oder scharf
2 EL	mittelscharfer Senf
¼ TL	Chilipulver
3 EL	Sojasauce
6 EL	Tomatensaft
4 EL	getrocknete Petersilie
6 TL	Olivenöl

Die Rippchen mit den Zwiebeln und dem Knoblauch 15 Minuten bei geschlossenem Deckel in Wasser vorkochen. Die restlichen Zutaten zu einer Marinade verrühren. Die Rippchen abtrocknen und für mindestens 2 Stunden, besser noch länger, in die Marinade legen. Bei 190 °C etwa 10 bis 15 Minuten indirekt grillen. Die Rippchen dabei mehrfach wenden und auf der fleischigen Seite immer wieder mit der restlichen Marinade einpinseln.

Triangle Ranch Ribs

2	Rippchen-Seiten - im Ganzen oder in Stücke von je 3 Rippen geschnitten
2	Zwiebeln - fein gehackt
2	große Tomaten - sehr fein gehackt
1	rote Paprika - fein gehackt
1	Chili - entkernt und fein gehackt
3 EL	Essig
3 EL	Honig
1 EL	scharfer Senf
3 EL	Öl
120 ml	Fleischbrühe
1 EL	Koriander - fein gehackt
	Salz und Cayenne-Pfeffer

Die Zwiebeln im Öl glasig braten. Tomaten, Paprika, Chili, Essig, Honig und Senf hinzufügen. Gut vermischen und mit der Brühe ablöschen. Den Koriander dazugeben und die Sauce etwas einkochen lassen. Mit Salz und Cayenne-Pfeffer so abschmecken, dass die Marinade würzig-scharf ist.
Die Rippchen von allen Seiten mit der Marinade einpinseln und bei mäßiger Hitze von beiden Seiten je etwa 20 Minuten grillen. Bei einem geschlossenen Grill verkürzt sich die Grillzeit auf insgesamt etwa 30 Minuten. Das Fleisch während des Grillens gelegentlich drehen und dabei mit Marinade einpinseln.

Filet in Chili-Sahne-Sauce

2	**Schweinefilets – in dicke Scheiben geschnitten**
1	**kleine Zwiebel – fein gehackt**
300 g	**Waldpilze – in kleine Würfel geschnitten – notfalls Zuchtpilze**
250 ml	**milde Chili-Sauce**
125 ml	**Sahne**
2 EL	**Schweineschmalz oder Pflanzenöl**
	Pfeffer und Salz nach Geschmack

Die Chili-Sauce mit der Sahne verrühren. Das Schweineschmalz in einer Pfanne erhitzen und die nebeneinandergelegten Filetstücke kurz von beiden Seiten darin anbraten und wieder herausnehmen. In dem Fett Zwiebeln und Pilze weich dünsten. Das Fleisch wieder dazugeben und alles mit der Chili-Sahne übergießen.
Bei 180° bis 200°C in einer zugedeckten Pfanne etwa 35 Minuten köcheln lassen.
Dieses Gericht muss nicht zwingend mit Schweinfilet zubereitet werden. Man kann auch Schweine- oder Putenschnitzel dafür verwenden.

Filet Oak Hill Farm

2	Schweinefilets
1	mittelgroße Zwiebel – klein gehackt
1	Knoblauchzehe – zerquetscht
1 EL	Öl
4 EL	Wildblütenhonig
5 EL	Apfelessig
125 ml	Tomatenketchup
5 EL	Whiskey
½ TL	Chilipulver
	Salz und Pfeffer

Die Zwiebeln und den Knoblauch im Öl anbräunen. Alle anderen Zutaten für die Sauce hinzufügen, aufkochen und bei kleiner Flamme köcheln lassen, bis sie dicklich wird. Das Schweinefilet von beiden Seiten mit der Sauce bestreichen, auf einer Folie auf den Grillrost legen und insgesamt etwa 20 Minuten lang grillen. Die Filets dabei mehrfach wenden und mit der Honigsauce bestreichen.
Aufgeschnitten servieren und mit der Sauce übergießen.

Filet Rio Grande Valley

2	Schweinefilets – in dicke Medaillons geschnitten
3 EL	Olivenöl
2	Orangen – geschält und in Scheiben geschnitten
2 EL	Orangenmarmelade
1	Orange – frisch ausgepresst
4 EL	Pinienkerne, Mandeln oder andere Nüsse
	Zucker nach Geschmack
	Mehl
	Salz und Pfeffer

Die Medaillons salzen, pfeffern, mit etwas Mehl bestäuben und im erhitzten Öl von beiden Seiten schön braun braten. Das Fleisch aus der Pfanne nehmen und den Bratensatz mit dem Orangensaft ablöschen. Die Orangenmarmelade und Pinienkerne einrühren, nach Geschmack noch etwas zuckern und mit Mehl andicken. Die Sauce über die Medaillons gießen und mit Orangenscheiben garnieren.

Geschnetzeltes in Senf-Orangen-Sauce

500 g	kleine Nudeln
500 g	Schweinegeschnetzeltes oder Schinkenbraten - klein geschnitten
200 ml	Fleischbrühe - notfalls Gemüsebrühe
1	Orange - frischgepresster Saft
1	Orange - in Scheiben geschnitten
150 g	Crème fraîche
1 EL	scharfer Senf
1 Bund	Schnittlauch - in Röllchen geschnitten
4 EL	geröstete Pinienkerne- klein gehackt - notfalls andere Nüsse
	Salz und Pfeffer
	Öl

Die Nudeln kochen. Währenddessen das Geschnetzelte in etwas Öl anbraten. Den Orangensaft, die Brühe und die Crème fraîche dazugeben und ca. 5 Minuten köcheln lassen. Anschließend Senf, Schnittlauch und Nüsse unterrühren, mit Salz und Pfeffer würzen und über die abgetropften Nudeln gießen. Vorsichtig vermischen und mit den Orangenscheiben garniert servieren.

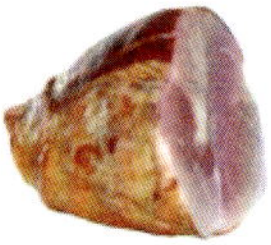

Caroline's Sweet Ham

1	Scheibe Kochschinken pro Person - ca. 1,5 cm dick
2 - 3	mittelgroße Süßkartoffeln - gekocht und zu Brei verarbeitet
4 EL	brauner Zucker
4 EL	Zitronensaft
120 ml	Apfelsaft
¼ TL	Zimt
1	Prise Knoblauchpulver
3 EL	Fleischbrühe

Den Schinken in eine große, gebutterte Pfanne legen und den Kartoffelbrei zwischen und über den Scheiben verteilen. 2 Esslöffel Zucker, 1 Esslöffel Zitronensaft, Apfelsaft, Zimt und Knoblauch verrühren, über den Schinken gießen und alles bei etwa 160 °C mit geschlossenem Pfannendeckel 30 Minuten lang backen. 2 Esslöffel Zucker, 3 Esslöffel Zitronensaft und die Fleischbrühe miteinander vermischen, das Gericht damit übergießen und nochmals für 15 Minuten weitergaren lassen.

Rindfleisch

Burger

Hackfleischgerichte und Fleischpasteten nahmen von jeher einen wesentlichen Teil in der Küche Nordamerikas ein, da hier unattraktive und zähe Restteile von Tieren jeglicher Art verwertet werden konnten. Neben vielen anderen Gerichten erfreut sich insbesondere der Burger großer Beliebtheit.
Ein „Hamburger" besteht traditionell im Kern aus Rindfleisch und ist keine moderne amerikanische Fastfood-Erfindung. Anfang des 19. Jahrhunderts brachten deutsche Einwanderer aus Hamburg das Rezept der beliebten Hacksteaks mit und verkauften sie auf Märkten. Zwischen zwei Brotscheiben oder in ein Brötchen gepackt, war der „Hamburger" eine gute Wegzehrung, die unterwegs kalt oder warm verspeist werden konnte. Da das Fleisch dafür sehr preisgünstig war und mit Kräutern und Gewürzen zu einer leckeren Mahlzeit verarbeitet werden konnte, war es auch für weniger begüterte Menschen erschwinglich.
Mit den nach Westen ziehenden Siedlern trat der „Hamburger" seinen Siegeszug über den Kontinent an und entwickelte sich zu einer großen amerikanischen Tradition, die selbst in Spitzenrestaurants einen Platz auf der Speisekarte gefunden hat. So wird er des Öfteren anstatt im Brötchen als eigenständiges Fleischgericht zu Pommes oder einer Backkartoffel und Salat serviert. Viele Familien entwickelten eigene Rezepte sowohl für den fleischlichen Inhalt als auch für Saucen, Beilagen und die dazugehörigen Brötchen.
Wird man im Südwesten zu einem BBQ eingeladen, kann das durchaus heißen, dass man ein Burger-Buffet vorfindet. Dort bestreicht und belegt man die Burger-Brötchen mit den gewünschten Zutaten, um sich als Letztes direkt am Grill den heißen Burger darauflegen zu lassen.
Zu den beliebtesten Zutaten eines solchen Buffets gehören:

Mayonnaise – Ketchup – Senf – Chili-Sauce – BBQ-Sauce
Eisbergsalat – Zwiebel-, Tomaten- und Essiggurkenscheiben – Jalapeños
Käsescheiben und Speckstreifen

Das Fleisch für die Burger sollte sanft verknetet und zu Pattys von ca. 2 cm Dicke geformt werden. Damit sie sich nicht zusammenziehen und in der Mitte dicker werden, kann man mit dem Daumen ein Delle in die Mitte drücken. Die fertigen Burger möglichst mindestens 1 Stunde zugedeckt an einem kühlen Ort ziehen lassen. Nach dem Erwärmen auf Zimmertemperatur können sie gegrillt oder gebraten werden.
Um ein Ankleben am Grillrost zu verhindern, sollte dieser mit Öl eingefettet und gut vorgeheizt sein, bevor das Fleisch daraufgelegt wird. Die Grillzeit richtet sich nach dem verwendeten Fleisch und danach ob mit einem offenen oder geschlossenen Grill gearbeitet wird.
Sollten keine Burger-Brötchen vorhanden sein, kann man den Fleischklops auch jeweils mit zwei dicken Scheiben Weißbrot oder einer Folienkartoffel servieren.

Burger Grundrezept

1 kg	**Rinderhackfleisch**
1 TL	**Salz**
½ TL	**Pfeffer**
1 EL	**fein gehackte Zwiebel**

Alles gut vermengen und zu 4 Burgern formen. Auf einer Folie auf dem Grill von beiden Seiten braten.
Wer es schärfer liebt, kann zu diesem Grundrezept einen Esslöffel scharfen Senf zugeben. Chili-Liebhaber fügen noch sehr, sehr fein gehackte Chili dazu.

Old Time Ranch-Burger

1 kg	**Rinderhackfleisch**
1	**mittelgroße Kartoffel – gerieben**
	Salz und Pfeffer

Das Fleisch mit Salz, Pfeffer und der geriebenen Kartoffel gut durchkneten. Die Kartoffel bewirkt, dass das Fleisch nicht schrumpft und saftig bleibt. Nach Bedarf 3 oder 4 Burger formen. Auf dem Grill von beiden Seiten braten.
Mit →BBQ-Sauce servieren.

Chili-Cheese-Burger

Diese Zutaten zum Grundrezept hinzufügen:

200 g	**geraspelter Käse, bevorzugt Cheddar-Käse**
4 EL	**Milch**
½ EL	**Chilipulver**

Burger Del Rio Ranch

1 kg	**Rindfleisch – grob gehackt**
1	**Zwiebel – fein gehackt**
2,5 EL	**Chili-Sauce – Schärfe nach Wahl**
2 EL	**Koriander – fein gehackt**
2	**Jalapeños – entkernt und sehr fein gehackt**
	oder ½ – 1 TL Tabasco
	Salz und Pfeffer nach Geschmack

Alle Zutaten gut vermischen, mit Salz und Pfeffer abschmecken und zu Burgern formen. Die Burger von beiden Seiten (gut durch oder medium, je nach Geschmack) in einer Pfanne braten oder grillen.
Dazu kann als Sauce →Chili-Sauce, →Jalapeño-Mayonnaise, →Avocado-Salsa oder →Tomaten-Salsa serviert werden.

Hot Burger aus Garry's Pub

250 g	**gehacktes Rindfleisch**
1	**Knoblauchzehe – zerdrückt**
½ EL	**Chili-Sauce – nach Geschmack scharf oder mittelscharf**
	frisch gemahlener Pfeffer – rot, schwarz und weiß
	Salz

Das Fleisch mit Knoblauch, Chili-Sauce, Salz und Pfeffer vermischen und eine Stunde kaltstellen. Die Burger formen und in einer Pfanne oder auf dem Grill von beiden Seiten braten, gut durch oder medium, je nach Geschmack.
Pro Person

Lumberjack-Burger

600 g	Rindergehacktes
1	kleine Dose Kidney-Bohnen ohne Flüssigkeit – zerdrückt
6 EL	BBQ-Sauce – je nach Geschmack scharf oder mild
2 EL	Meerrettichcreme – je nach Geschmack mild oder scharf
2	Knoblauchzehen – zerquetscht
	Salz und Pfeffer
2	Tomaten – in Scheiben geschnitten
2	Gemüsezwiebeln – in dünne Scheiben geschnitten
4	Salatblätter vom Eisbergsalat
4	Burger-Brötchen – ersatzweise dicke Scheiben Weißbrot
	BBQ-Sauce zum Bestreichen der Brötchen

Alle Burgerzutaten miteinander vermischen und 4 Pattys formen und in der Pfanne oder auf dem Grill von beiden Seiten braten. Gut durch oder medium, je nach Geschmack. Die Brötchen kurz anrösten, durchschneiden und Ober- und Unterdeckel innen mit →BBQ-Sauce bestreichen.
Die Burger in den Brötchen mit Salatzutaten garniert servieren.

Len's Hobo-Foil-Dinner

1 kg	Rinderhackfleisch – in 4 Portionen geteilt
4	kleine Kartoffeln – geschält und in Scheiben geschnitten
2	mittelgroße Zwiebeln – in dünne Scheiben geschnitten
2	rote Paprika – entkernt und in lange Schnitze geschnitten
1	große Dose Mais – gut abgetropft
4 EL	Butter
	Salz und Pfeffer
	Alufolie in guter Qualität oder doppelt gewickelt
	Öl

Die vier Folienblätter, etwa 40 x 40 cm groß, mit etwas Öl einpinseln und in die Mitte jeder Folie die Scheiben je einer Kartoffel legen. Jeweils ein Viertel des Gemüses auf den Kartoffeln verteilen. Das zu 4 Burgern geformte Hackfleisch auf das Gemüse legen. Obendrauf die Zwiebelscheiben sowie je einen Esslöffel Butter geben und reichlich Salz und Pfeffer darüber streuen. Die Folie so zusammenfalten, dass kein Saft austreten kann. Etwa 30 Minuten auf dem Grill oder am Lagerfeuer bei mittlerer Hitze garen lassen.

Da in beiden Fällen die Hitze nicht unbedingt regulierbar ist, vor dem Servieren nachsehen, ob das obenliegende Fleisch gar ist.

Natürlich kann auch jedes andere Gemüse verwendet werden.

Chicken Fried Steak

Dieses Gericht hat nichts mit Hähnchen zu tun, auch wenn der Name es vermuten lässt. Es ist ein Überbleibsel aus mageren Zeiten, wie dem Bürgerkrieg und der Depression. Bei dem Fleisch handelt es sich um ein preiswertes, dünnes Stück Rindfleisch, das richtig zubereitet, sehr zart ist. Es wird meist mit →Gravy serviert.

1 kg	**Rindfleisch in dünnen Scheiben – aus der Keule geschnitten**
	Fleischzartmacher oder auch Papainpulver
	Knoblauchsalz
	schwarzer Pfeffer
1	**Ei**
120 ml	**Milch**
240 g	**Mehl**
1 TL	**Backsoda**

Die Steaks mit Zartmacher, Knoblauchsalz und schwarzem Pfeffer würzen. Eier und Milch verrühren und das Soda hinzufügen, damit die Kruste beim Backen einen goldenen Ton erhält. Die Steaks im Mehl wälzen, in die Eiermixtur tauchen und nochmals im Mehl wälzen. Anschließend in heißem Backfett goldbraun braten.

Steaks Grillen/Braten

Man rechnet pro Person ein Steak von 200 bis 250 g – 2 cm oder dicker geschnitten.

Grill-/Bratzeit für Steaks 2 cm dick geschnitten
Je 1 cm mehr wird 1 Minute pro Seite dazu addiert.

English rare innen roh	**Medium** innen rosa	**Well Done** durchgebraten
Bratzeit je Seite 1 bis 2 Minuten	**Bratzeit je Seite** 3 Minuten	**Bratzeit je Seite** 4,5 Minuten
Ruhezeit 6 bis 8 Minuten	**Ruhezeit** 4 Minuten	**Ruhezeit** 1 Minute
Im Kern noch blutig, sonst rosa. Außen eine braune Kruste.	*Innen durchgehend rosa. Außen knusprige Kruste. Typische Garstufe für Rindersteaks.*	*Manche sagen: Totgebraten. Das Fleisch wird oft zäh und trocken*

Alle vorhandenen Fettränder im Abstand von je 1,5 cm einschneiden, damit sie sich durch die Hitze nicht zusammenziehen. Die Steaks mit beliebiger →*Marinade* einpinseln und eine Stunde, wenn möglich an einem kühlen Ort ziehen lassen. Falls gewünscht, auch nur mit Öl einpinseln und pfeffern.

Der Grill sollte etwa 240 °C heiß sein. →*Grill.* Eine Pfanne muss mindestens 160 °C heiß sein. Auf der Oberfläche des Bratfettes bilden sich ab 160 °C leichte Wellen.

Die Steaks auf den heißen Grill/in die Pfanne legen. Je nach Fleischdicke und gewünschtem Gargrad rechnet man 1 bis 5 Minuten pro Seite. Gewendet wird allerfrühestens, wenn sich das Fleisch leicht vom Rost bzw. Pfannenboden löst. Dabei eine Zange verwenden, da eine Gabel Fleischsaft austreten lässt.

Das Fleisch von der Hitzequelle nehmen und einige Minuten auf der kühleren, indirekte Seite des Grills oder eingewickelt in Alufolie ruhen lassen. In der Ruhezeit verteilen sich Fleischsaft und Temperatur im Fleisch.

Chuck Wagon Steak

2	Steaks – 1,5 bis 2,5 cm dick geschnitten
1	mittelgroße Zwiebel – klein gehackt
240 ml	Ketchup
80 ml	Essig
2 EL	brauner Zucker
2 TL	Salz
1	Knoblauchzehe – zerdrückt
1	Lorbeerblatt
1/8 TL	scharfe Chili-Sauce

Alle Zutaten für die Marinade gut verrühren und in einer Pfanne erhitzen. Unter gelegentlichem Umrühren 10 Minuten bei mittlerer Hitze köcheln lassen. Das Fleisch anschließend in der erkalteten Marinade möglichst mehrere Stunden an einem kühlen Ort ziehen lassen. Die Steaks aus der Sauce nehmen und auf dem Grill oder in der Pfanne braten. Zwischendurch mit dem Rest der Marinade einpinseln.

Steak Nueces County

4	Steaks – Art und Größe nach Belieben
125 ml	Öl
125 ml	Whiskey
1 EL	Chilipulver
2	Knoblauchzehen – zerdrückt
1 TL	Majoran – fein gehackt
2 – 3	Tropfen Tabasco

Alle Zutaten für die Marinade gut miteinander verrühren, die Steaks 5 bis 6 Stunden darin ziehen lassen, abtrocknen und grillen. Die Steaks kurz vor Grillende noch einmal mit der Marinade bepinseln.

Porterhouse Steak Kingsville

2	Porterhouse Steaks oder andere Steaks
125 g	Butter
1	Zwiebel – fein gehackt
2 EL	Orangensaft – frischgepresst – notfalls 2 EL Orangenmarmelade
1 EL	roter Pfeffer
1 Msp	Piment

Die Butter mit den anderen Zutaten gut verrühren. Die Steaks am besten medium rare grillen, da sie dann besonders saftig sind. →*Tabelle oben.* Die fertigen Steaks mit der Rote-Pfeffer-Butter bestreichen.
Diese Butter schmeckt auch gut zu gegrillten Maiskolben.

Rinderlende Old Texan

2 kg	Rinderlende
4 EL	Whiskey
4	scharfe Chilischoten – entkernt und fein gehackt – ersatzweise Tabasco
	Pfeffer

Wenn möglich, die Chilischoten 1 Woche im Whiskey einlegen. Die schnellere Variante ist, vor dem Grillen etwas Tabasco mit Whiskey zu verrühren. Den Braten mit Pfeffer einreiben und das flüssige Gewürz gut einmassieren. Das Lagerfeuer oder den Holzkohlengrill gut durchglühen lassen.
Das Fleisch auf einen Spieß, notfalls auf einen Ast aus frischem Holz, stecken und eventuell mit Draht fixieren. Zwei Astgabeln so neben das Feuer stecken, dass der Spieß 15 cm über der Glut hängt. Oder den Spieß in die dafür vorgesehene Öffnung eines Grills stecken. Den Spieß des Öfteren drehen, damit das Fleisch gleichmäßig gart, und zwischendurch immer wieder mit dem Gewürz-Whiskey einpinseln. Nach weiteren 30 Minuten diesen Vorgang wiederholen. Die Lende braucht etwa 45 bis 60 Minuten, bis sie gar ist. Das Fleisch vor dem Anschneiden 6 Minuten ruhen lassen, damit sich der Saft verteilt.

Cajun-Pfanne

500 g	**Minutensteaks vom Rind – in dünne Streifen geschnitten**
4	**große Tomaten – gewürfelt**
1	**große Zwiebel – gewürfelt**
1	**Zucchini – gewürfelt**
1	**Aubergine – gewürfelt**
2	**Knoblauchzehen – sehr fein gehackt**
1	**kleine Dose Tomatenmark**
	→*Cajun-Rub* – nach Geschmack

Öl in einen großen Topf geben und alle Zutaten dazugeben. Mit Cajun-Rub nach Geschmack würzen, das Tomatenmark zugeben und alles gut verrühren. Mit geschlossenem Deckel ca. 40 Minuten köcheln lassen und ab und zu umrühren. Nach Ende der Kochzeit nochmal abschmecken und die Sauce eventuell mit etwas Mehl etwas andicken oder falls erforderlich, etwas Wasser zugeben.

Rinderpfanne Ruidoso

500 g	**Rindergeschnetzeltes oder Minutensteaks in Streifen geschnitten**
500 g	**Kartoffeln – klein gewürfelt**
200 g	**Prinzessbohnen – abgezogen und gedrittelt**
1	**rote Paprika – in kleine Stücke geschnitten**
2	**große Tomaten – klein geschnitten**
1	**rote Zwiebel – klein gewürfelt**
1	**Knoblauchzehe – fein gehackt**
1	**rote Chili – entkernt und fein gehackt – notfalls Chiliflocken**
	Salz und Pfeffer – bei Bedarf
2 EL	**Öl**
100 ml	**Wasser**

In einer Pfanne das Öl erhitzen und das Rindergeschnetzelte darin 3 bis 4 Minuten rundherum anbraten. Die Zwiebeln und den Knoblauch dazugeben und etwa 1 Minute mitbraten. Kartoffeln, Bohnen, Paprika und Tomaten dazugeben. Anschließend die Gewürze und das Wasser einrühren und das Gericht 15 Minuten abgedeckt garen lassen. Danach den Deckel von der Pfanne nehmen und alles weitere 10 Minuten köcheln lassen. Bei Bedarf noch kräftig mit Salz und Pfeffer abschmecken.

Geflügel

Chicken Wings Port Sidney Pub

	Hühnerflügel oder Hühnerunterschenkel nach Bedarf und Hunger
11 EL	**Mehl**
1 EL	**Paprikapulver (süß)**
2 TL	**Cayenne-Pfeffer**
2 TL	**→*Muskoka-Rub***
	Chicken Wing-, Buffalo Wing- oder BBQ-Sauce mild oder scharf, nach Geschmack

Mehl, Paprikapulver, Cayenne-Pfeffer und Muskoka-Rub vermischen, die Hühnerteile darin wälzen und das Gewürz etwas einziehen lassen. Mit der ausgewählten Sauce bestreichen und auf den Grill legen. Mehrfach wenden, mit Sauce bestreichen und grillen, bis sie leicht knusprig sind.

Samuel's Buffalo Wings

4 – 8	**Hühnerflügel pro Person**
2	**Zitronen – ausgepresst**
250 ml	**Chili-Sauce**
2	**Knoblauchzehen – zerquetscht**
4 EL	**Honig**
	Tabasco
	Salz und Pfeffer

Den Zitronensaft mit Honig und Chili-Sauce verrühren. Knoblauch, Chilischoten, Salz und Pfeffer hinzufügen. Die Marinade je nach gewünschter Schärfe mit mehr oder weniger Tabasco abschmecken. Die Hühnerflügel darin mindestens 2 Stunden, besser länger, an einem kühlen Ort ziehen lassen.

Auf dem heißen Grillrost von beiden Seiten grillen, bis die Chicken Wings knusprig braun sind. Durch den Honig werden die Wings recht dunkel.

Hühnerpfanne mit Ahornsirup

4	Hühnerbrüste – mit oder ohne Haut – notfalls Schenkel
6 EL	Butter
125 g	Mehl
1 TL	Muskatnuss
100 g	Walnüsse – klein gehackt
4 EL	Ahornsirup

Mehl und Muskatnuss vermischen und die Hühnerteile darin panieren. Die Butter in einer Pfanne erhitzen und die Hälfte der Nüsse zusammen mit den Hühnerteilen darin von beiden Seiten anbraten. Anschließend die Hitze reduzieren die Hühnerbrüste für 15 bis 20 Minuten bei 160 °C zugedeckt garen lassen. Den Ahornsirup erwärmen, über die Hühnerteile gießen und diese mit den restlichen Nüssen bestreuen.

Honey-Chicken Copper Canyon Ranch

4	Hühnerbrüste mit Knochen – ohne Haut
2 EL	flüssiger Pinienhonig
1	Orange – ausgepresst
1	Knoblauchzehe – zerdrückt
	Salz und Pfeffer

In jede Hühnerbrust 3 Einschnitte machen und nebeneinander in eine Schüssel legen. Alle restlichen Zutaten mixen und über die Hühnerbrüste gießen. Die Schüssel abdecken und die Marinade an einem kühlen Ort für 1 bis 2 Stunden einziehen lassen. Die Hühnerbrüste bei 4 bis 6 Minuten von jeder Seite oder, bis sie gar sind, grillen.
Fingerdrucktest: Das Fleischstück sollte sich fest anfühlen.

Texas Pecan-Chicken

4	Hühnerbrüste
2 TL	Öl
1	Zwiebel – in Ringe geschnitten
16	getrocknete Aprikosen – halbiert
4 EL	Rum
2 EL	Melasse
¼ TL	Salz und Pfeffer
60 g	Pecannüsse – gehackt– notfalls Walnüsse

Die Zwiebeln im erhitzten Öl anbräunen. Aus der Pfanne nehmen und beiseitelegen. Im gleichen Öl die Hühnerbrüste von allen Seiten anbraten. Pflaumen, Rum, Melasse, Pfeffer, Salz und die Zwiebeln vermischen und über den Hühnerbrüsten verteilen. Bei geschlossenem Deckel 30 bis 40 Minuten bei geringer Hitze garen lassen. Die Hühnerteile dabei einmal umdrehen. Die Pecannüsse hinzufügen und kurz ziehen lassen.

Comanche-Chicken

1	großes Huhn – in 6 bis 8 Teile zerlegt
	Fett zum Anbraten
2	dünne Porree-Stangen – in Ringe geschnitten
2	große Äpfel – geschält, entkernt und in Schnitze geschnitten
2	mittelgroße Zwiebeln – klein gehackt
3	Knoblauchzehen – fein gehackt
200 ml	Saure Sahne oder Crème Fraîche
200 g	Pecannüsse oder Walnüsse – geviertelt
	Maismehl oder Weizenmehl nach Bedarf zum Andicken
	Pfeffer, Salz und Thymian nach Geschmack

In einer großen Pfanne Fett erhitzen und Zwiebeln und Knoblauch darin glasig werden lassen. Die gepfefferten und gesalzenen Hühnerteile dazugeben und von beiden Seiten goldbraun anbraten. Mit etwas Wasser ablöschen, den Porree und die Nüsse hinzufügen und später die Äpfel, damit sie nicht zu weich werden. Bei geschlossenem Deckel langsam garköcheln. Die Saure Sahne einrühren und die Sauce mit Mehl ewas andicken.

Dazu schmeckt Wildreis sehr gut.

Mom's Honey-Chicken

1	Huhn – ca. 1,5 bis 2 kg – in 6 Stücke zerteilt oder je nach Geschmack Hühnerbrüste oder Hühnerschenkel
120 ml	Honig
2 EL	Fruchtessig
120 g	Mehl
2 TL	Cayenne-Pfeffer
2	Eier
120 ml	Buttermilch
240 ml	Pflanzenöl
	Salz und Pfeffer

Honig mit dem Essig vermischen und über dem Fleisch verteilen. Möglichst 2 Stunden ziehen lassen. Das Mehl mit dem Cayenne-Pfeffer vermischen. In einer anderen Schüssel Eier und Buttermilch verquirlen. Das Öl bei mittlerer Hitze auf 150 °C erhitzen (darf nicht zu heiß werden, sonst karamellisiert der Honig). Die Hühnerteile aus der Marinade nehmen und abtropfen lassen. In die Eiermischung tunken, salzen, pfeffern und in der Mehlmischung wenden. Zuerst das dunkle Fleisch in die Pfanne geben, dann das weiße. Das dunkle Fleisch benötigt ca. 15 bis 18 Minuten, das helle 10 bis 12 Minuten, um gar zu werden.

Wildgeflügel mit Pilzen (Taos Pueblo)

1,5 kg	Wildgeflügel- oder Hausgeflügelteile
600 g	Wildpilze oder Champignons – in Scheiben geschnitten
10	Frühlingszwiebeln – in Ringe geschnitten
3	Tomaten – in Stücke geschnitten
2 EL	frischer Dill – fein gehackt
3 EL	Butter
	Salz und Pfeffer

Die Geflügelteile mit Salz und Pfeffer würzen. Die Butter in einer großen Pfanne anbräunen und die Hühnerteile darin anbraten. Zwiebeln, Pilze, Tomaten und Dill dazugeben und zugedeckt bei niedriger Hitze 20 Minuten köcheln lassen. Den Deckel abnehmen und das Gericht bei mittlerer Hitze weiter garen lassen, bis die Geflügelteile ganz gar sind.

Mais-Hühnchen

500 g	gekochtes Hühnerfleisch – in kleine Stücke geschnitten
3	Eier – verquirlt
1	große Dose Mais – abgetropft
1	grüne Paprika – in dünne Ringe geschnitten
125 g	Brotkrumen oder Paniermehl
250 ml	Sahne
1 EL	Butter
1 EL	Maismehl
¼ l	Milch
	Salz und Pfeffer

In einem Topf die Butter zerlassen und das Mehl einrühren, bis die Masse glatt ist. Die kalte Milch nach und nach zugeben und aufkochen. Sahne und die Eier einrühren. In einer gefetteten Pfanne die Hühnerstücke und den Mais verteilen. Die Sauce darüber gießen, die Paprikaringe und Brotkrumen darüber streuen. Bei mittlerer Hitze etwa 30 Minuten zugedeckt backen lassen oder bis die Ei-Mischung gestockt ist.

Pollo Rancho Del Rio Pecos

1	großes Huhn – in 8 Teile zerlegt
	oder je nach Geschmack Hühnerbrüste oder Hühnerschenkel
120 ml	Rotwein
6	Knoblauchzehen – zerquetscht
½ TL	Pimentpulver
1 TL	Oregano
½ TL	Zimt
½ TL	Chilipulver
1 TL	Kümmelpulver
½ TL	Korianderpulver

Den Wein mit den Gewürzen gut vermischen. Die Hühnerteile in eine Schüssel legen, mit der Marinade übergießen und möglichst 4 Stunden an einem kühlen Ort ziehen lassen. Die Hühnerteile aus der Marinade nehmen und 20 bis 30 Minuten oder, bis sie durch sind, von jeder Seite bei mäßiger Hitze grillen. Mindestens zweimal dabei mit der verbliebenen Marinade einpinseln.

Texas Hillcountry Beer Butt Chicken

1	Hähnchen – ca. 1,6 bis 1,8 kg
1	Dose Bier nach Geschmack – bevorzugt Malzbier
1	kleine Zwiebel – geschält
2 EL	brauner Zucker
2 EL	Paprikapulver – süß
1 EL	schwarzer Pfeffer
1 EL	Salz
1 EL	Knoblauchpulver
1 TL	Zwiebelpulver
1 TL	Selleriesalz
½ TL	Cayenne-Pfeffer
	Öl
	Spezialhalterung für Geflügel – falls vorhanden

Einen Gasgrill mit ausreichend hohem Deckel auf 160 bis 175 °C vorheizen.

Die Gewürze verrühren und das Hähnchen damit innen und außen würzen. Anschließend mit Öl einpinseln. Mindestens ein Drittel des Biers ausgießen oder den Koch trinken lassen. Den Rest der Gewürzmischung in die Bierdose füllen (Vorsicht, kann kräftig schäumen). Zusätzliche Löcher in den Deckel der Bierdose stechen, damit das Bier besser verdampfen kann.

Das Huhn auf die Dose setzen und mit einer Auffangschale darunter in den Grill stellen. Die Hühnerbeine so aufstellen, dass das Huhn nicht umkippen kann. Optimal ist ein spezieller Dosenhalter, der die Bierdose und das Huhn stabilisiert. Durch die gewürzte Flüssigkeit in der Dose wird das Fleisch von innen gedämpft und aromatisiert, während es von außen gegrillt wird.

Gegrillt wird indirekt – also nicht über, sondern neben der Glut. Den Deckel des Grills schließen. Gelegentlich mit dem Fett aus der Auffangpfanne, dem übriggebliebenen Gewürz und Bier einpinseln. Den Grill dabei nicht zulange auflassen, damit die Temperatur nicht zu sehr absinkt.

Man rechnet als Garzeit je Pfund etwa 18 Minuten. Die Temperatur im Grill sollte gehalten werden, da das Hähnchen bei größerer Hitze nicht schneller gart, sondern von außen schwarz wird und innen roh bleibt.

Das Hähnchen, wenn es gar ist, mit der Auffangschale aus dem Grill holen, von der Bierdose nehmen und tranchieren.

Vorsicht: Die restliche Flüssigkeit in der Dose ist sehr heiß!

Auf diese Art und Weise kann bei entsprechender Grillzeit auch jedes andere Geflügel gegrillt werden.

Pollo con Mole San Ysidro Ranch

Dieses traditionelle mexikanische Hühnergericht hat sich in sehr vereinfachter Form auch im Süden der USA, der lange Zeit zu Mexiko gehörte, verbreitet. Die original mexikanische Mole Poblano besteht aus mehr als 80 Zutaten, deren Zusammensetzung jede mexikanische Hausfrau geheim hält. Ihre Hauptkomponenten sind Chili und Bitterschokolade. Besonders getrocknete rote Chilischoten entwickeln neben ihrer Schärfe ein süß-fruchtiges Aroma, das optimal mit Bitterschokolade harmoniert. Gerne werden die beiden Sorten „Ancho“ (getrockneter Poblano-Chili) und „Chipotle“ (getrocknete Jalapeños) verwendet.

1	**Huhn oder Hühnerteile**

Für die Mole:

60 ml	**Öl**
1	**mittelgroße Zwiebel – fein gehackt**
2	**kleine Knoblauchzehen – sehr fein gehackt**
¼ l	**Wasser, Gemüsebrühe oder Hühnerbrühe**
4 TL	**Chilipulver Ancho – notfalls ein anderes**
4 TL	**Chilipulver Chipotle – notfalls ein anderes**
2 TL	**Zimt**
100 g	**Bitterschokolade (66 % Kakao oder mehr) – klein gehackt**
	Salz

Das Huhn oder auch die Hühnerteile in Wasser oder Gemüsebrühe gar kochen. In einem kleinen Topf Zwiebeln und Knoblauchzehen im Pflanzenöl weichdünsten und auf einem Teller beiseite stellen. In dem Topf nun das Wasser oder die Brühe erhitzen und das Chilipulver einrühren. Die Schokolade in die Chili-Mischung geben, darin schmelzen lassen und gut verrühren. Die Zwiebel-Knoblauch-Mischung und den Zimt hinzufügen, gut verrühren und mit etwas Salz würzen. Das Ganze auf kleiner Flamme weiterköcheln lassen und rühren, bis die Mole schön dickflüssig wird. Aufpassen, dass sie nicht ansetzt.
Die Mole heiß zum Fleisch servieren.
Übriggebliebene Mole hält sich ein paar Tage an einem kühlen Ort.

Die herb-süßlich-scharfe Mole passt nicht nur gut zu Geflügel, sondern auch zu Schweinefilet.

Fisch

Fischen und Angeln gehören in Nordamerika, insbesondere in den seenreichen Staaten, zu den bevorzugten Freizeithobbies. Hinter vielen Häusern steht ein Boot, um an den nächsten See oder Fluss zu fahren und es dort an den kostenlosen staatlichen Bootsrampen zu Wasser zu lassen. Andere Familien fahren mit dem PKW an den nächsten See, Fluss oder die Küste, nehmen ihr Zelt mit und grillen das Gefangene gleich vor Ort. So findet man ganze Großfamilien, aber auch Großväter und Väter mit ihren Enkeln bzw. Kindern bei dieser beliebten Freizeitbeschäftigung.

In Europa kann sich das in einigen Ländern durch gesetzliche Vorgaben sehr schwierig gestalten, sodass eher der gekaufte Fisch die Norm ist. In Südeuropa bieten nicht nur regionale Fischmärkte sondern auch die großen Supermärkte ein umfangreiches Angebot an frisch gefangenen Meeresbewohnern.
Die einfachste Art Fische zu grillen, ist die im Fischgrillkorb, da der Fisch so beim Wenden nicht auseinanderfällt. Soll der Fisch mariniert werden, schneidet man ihn auf jeder Seite schräg zur Längsrichtung drei- bis viermal parallel ein, damit er die Marinade besser aufnehmen und auch gleichmäßiger garen kann.
Bei allen Rezepten wird von küchenfertigen Fischen ausgegangen, d.h. entschuppt und ausgenommen. Viele der hier vorgestellten Rezepte lassen sich ebenso für andere als die angegebenen Fischarten anwenden.
Zu fast jedem gegrillten Fisch passt z. B. →Chili-Limetten-Butter, →Limetten-Butter, →Chili-Mayonnaise, →Knoblauch-Mayonnaise, →Limetten-Sauce oder andere leichte →Saucen.

Fisch über dem Lagerfeuer gegrillt

Was auch immer gefangen wurde – Forellen, Zander, kleine Hechte oder anderes – wird ausgenommen, innen und außen sehr gut gesalzen und auf einen langen angespitzten grünen Ast aufgefädelt. Das dicke Ende des Astes wird direkt neben dem fast abgebrannten Feuer schräg in die Erde gerammt, sodass der Fisch über der Glut hängt. Ab und zu drehen. Wenn die Fische gar sind, lassen sich die Flossen leicht herausziehen. Man schält die Fischhaut ab und isst das saftig gebliebene Fleisch.

Forelle – *in der Glut, auf dem Grill oder in der Pfanne gebraten*

1	Forelle oder andere Fische – etwa 500 g
2 – 3	dünne lange Scheiben gestreifter Speck
2	Zitronenscheiben
2	Zwiebelscheiben
je 2	Thymianzweige und Rosmarinzweige
	Salz und Pfeffer oder eine Würzmischung nach Geschmack

Die Fische innen und außen mit den Gewürzen einreiben. Zwiebelscheiben, Zitronenscheiben und Gewürzzweige in den Fisch legen. Den Fisch in zwei oder drei Speckscheiben einwickeln.

1. Den Fisch in Alufolie wickeln und das Folien-Fischpaket in die heiße Glut legen. Nach 10 bis 15 Minuten sollte der Fisch gar sein.
2. Alternativ das Folien-Fischpaket auf einen nicht zu heißen Grill legen und von beiden Seiten jeweils etwa 10 bis 15 Minuten grillen.
3. Den Fisch so auf den Grill legen und von jeder Seite etwa 10 Minuten grillen.
4. Den Fisch in einer Pfanne von beiden Seiten kurz anbraten und mit geschlossenem Pfannendeckel bei mittlerer Hitze etwa 20 Minuten gar werden lassen.

Bei größeren Fischen verlängert sich die Backzeit.

Grandpa George's Grilled Fish

	was immer heute gefangen wurden – grillfertig vorbereitet
100 g	Semmelbrösel oder zerkleinerter, gerösteter Toast
1 TL	Knoblauchpulver
1 TL	Zwiebelpulver
	Pfeffer

Die Semmelbrösel mit den Gewürzen vermischen. Die Fische darin wälzen und auf dem Grill auf eine eingeölte Folie legen. Dort je nach Größe der Fische länger oder kürzer grillen.

Kleine Fische vom Grill

	Kleine Fische – so viele wie gefangen wurden
	Salz
	Olivenöl
1 Bund	**Petersilie – fein gehackt**
1	**Zitrone – geviertelt**

Die Fische salzen und 30 Minuten ruhen lassen. Den Grillrost ölen, damit die Fische nicht ankleben. Sehr kleine Fische hintereinander auf einen Spieß stecken. Größere können einzeln auf den Grill gelegt werden. Die Fische je nach Größe 3 bis 5 Minuten von jeder Seite grillen.

Zu den Fischen die Zitrone und Petersilie zum Überstreuen servieren.
Dazu schmeckt →Chili-Butter oder →Chili-Limetten-Butter sehr gut. Wer es schärfer mag, kann die Fische anstatt mit Salz mit →Cajun-Rub einreiben.

Kleine Fische in Maisblättern vom Grill

2	**kleinere Fische – ohne Kopf**
2	**Maiskolben in Blättern**
	Butter
	Salz und Pfeffer

Die Fische innen und außen salzen und pfeffern sowie Butterflöckchen in den Fisch geben. Von einem Maiskolben, der etwa so groß wie der Fisch sein sollte, werden die Hüllblätter der Länge nach auf einer Seite aufgeschlitzt und vorsichtig zurückgestreift. Den Maiskolben herausbrechen, etwaige Maishaare entfernen und die Forelle anstelle des Kolbens hineinlegen. Die Blätter wieder verschließen und mit Draht umwickeln. Die Pakete 10 Minuten in kaltes Wasser legen und von beiden Seiten jeweils 10 bis 15 Minuten grillen, bis der Fisch gar ist. Die Maiskolben 25 Minuten von allen Seiten grillen und mit Butter und Salz servieren oder mit →*Chili-Butter*.
Stehen keine Maisblätter zur Verfügung, kann man auch einen Wendebräter benutzen und Zitronenscheiben unter und über den Fisch in die Zange legen, damit er schön saftig bleibt.

Fisch Ruidoso

1 - 2	**große Fische (800 bis 1.000 g) - was immer gefangen wurde**
2 TL	**grüne Pfefferkörner - fein zerdrückt**
2	**rote Chilischoten - entkernt und fein gehackt**
3 TL	**Butter - Zimmertemperatur**

Pfefferkörner, Chili und Butter zu einer feinen Paste verrühren. Den Fisch an der dicksten Stelle 2-mal diagonal einschneiden, innen und außen mit der Paste einreiben und 20 Minuten kaltstellen. Den Fisch von jeder Seite ca. 15 bis 20 Minuten grillen, je nachdem wie schwer er ist.
Mit →*Chilibutter* servieren.
Am einfachsten ist es, den Fisch in einem Fischbräter zu grillen, da er sich so, ohne zu zerfallen, gut wenden lässt.

Gefüllter Lachs

1	**Lachs - ca. 2 kg - oder ein anderer großer Fisch**
10	**Scheiben Toastbrot - in Würfel geschnitten**
1	**Zwiebel - fein gehackt**
1	**Zitrone - ausgepresst**
¼ TL	**Thymian**
¼ TL	**Majoran**
	Salz und Pfeffer
	Öl

Den Lachs innen mit Salz einreiben und außen mit Öl bestreichen. Das Brot mit Gewürzen und Zitronensaft vermischen und den Fisch damit füllen. Den Lachs doppelt in Aluminiumfolie einwickeln und gut verschließen. Bei 180 °C etwa 50 Minuten im geschlossenen Grill garen. Auf einem Rost über offenem Grill muss der Fisch mehrmals gewendet werden. Die Backzeit kann sich dabei je nach Hitze verändern.

Fischfilet im Biermantel

1 kg	Hechtfilet – oder Filet von einem ähnlichen Fisch
3	Eier
½	Dose kaltes Bier – etwas abgestanden
2 TL	Salz
120 g	Mehl
120 g	Maismehl
	Butter oder Öl

Die Eier schlagen, bis sie schaumig sind. Das Bier und einen Teelöffel Salz einrühren. In einer anderen Schüssel Mehl, Maismehl und das restliche Salz vermischen. Die Filets erst in die Flüssigkeit tunken, dann in die trockene Mischung und nochmal in die Eiermixtur. In einer Pfanne Butter oder Öl erhitzen und die Filets darin braten, bis sie goldbraun sind und sich mit der Gabel leicht auseinanderpflücken lassen.

Forellen in Saurer Sahne (Ponca)

4	Forellen oder andere Fische – je ca. 350 bis 400 g
	Salz
150 g	Mehl
3 EL	Butter
250 ml	Saure Sahne oder Crème Fraîche
½ TL	Essig

Die Forellen innen mit Salz ausreiben und im Mehl wälzen. In der Zwischenzeit 2 Esslöffel Butter in einer Pfanne erhitzen. Die Temperatur herunterstellen und die Fische von beiden Seiten etwa 5 Minuten braten. Die Forellen aus der Pfanne nehmen. Den Rest der Butter in die Pfanne geben und mit dem Bratensud verrühren. Die Saure Sahne unter ständigem Rühren hinzufügen, die Fische in die Sauce legen und alles 5 Minuten köcheln lassen. Den Essig dazugeben und nochmals 5 Minuten köcheln lassen.

Orangen-Fisch-Pfanne Rio Grande Valley

1 kg dick geschnittenes Fischfilet oder halbierter Fisch
4 EL Butter
3 EL frische Petersilie – fein gehackt
3 – 4 Orangen – in dicke Scheiben geschnitten
3 EL Pecannüsse – grob gehackt – notfalls Walnüsse
Pfeffer

2 Esslöffel Butter in einer Pfanne schmelzen lassen. Den Fisch hineinlegen, mit der restlichen Butter bestreichen und mit Petersilie und Pfeffer bestreuen. Die Orangenscheiben auf dem Fisch verteilen und die Nüsse darüber verstreuen. Den Fisch in der geschlossenen Pfanne bei mittlerer Hitze ca. 40 Minuten garen lassen bzw., bis der Fisch noch saftig aber durch ist.

Zucchini-Fisch-Pfanne

500 g Fischfilet – in mundgerechte Stücke geschnitten
3 EL Zitronensaft
3 Zucchini – geschält und in Scheiben geschnitten
1 mittelgroße Zwiebel – gewürfelt
2 dicke Scheiben gestreifter Speck – gewürfelt
4 EL Mehl
150 ml Sahne
200 ml Fisch- oder Gemüsebrühe
½ Bund Dill
Salz und Pfeffer

Den Fisch mit Zitrone beträufeln, salzen und im Mehl wenden. Den Speck in einer Pfanne knusprig braten und aus dem Fett nehmen. Den Fisch im Bratfett rundum braten, aus der Pfanne nehmen und beiseite stellen. Zwiebeln und Zucchini in der Pfanne im Fett bei niedriger Hitze weichdünsten. Die Sahne und Brühe einrühren und 3 Minuten köcheln lassen. Den Fisch vorsichtig in die Pfanne legen, mit Salz und Pfeffer würzen und nochmals 3 Minuten köcheln lassen. Vor dem Servieren mit Dill und Speckwürfeln überstreuen.

Biber-Jacks Fish-Pan

1,5 kg	**beliebiger Fisch**
2 TL	**Salz**
2	**große Zwiebeln – in dickere Scheiben geschnitten**
6	**mittelgroße Kartoffeln – in dickere Scheiben geschnitten**
6	**Scheiben Speck – dünn geschnitten**
250 ml	**heißes Wasser**

Den Fisch von innen und außen mit Salz einreiben und in eine Pfanne legen. 2/3 der Zwiebeln und Kartoffeln außen um den Fisch verteilen, mit dem Rest den Fisch befüllen. Die Speckscheiben auf dem Fisch verteilen. Das heiße Wasser von der Seite her eingießen und den Fisch bei 175 °C ca. 60 bis 70 Minuten in einer geschlossenen Pfanne backen.

Papa Sam's Shrimps

1 kg	**gekochte Shrimps mit Schale – auspulen** **oder 750 g ausgepulte Shrimps**
5 EL	**Olivenöl**
5	**Knoblauchzehen – in sehr feine Scheiben geschnitten**
½	**rote Chilischote – mild oder scharf – entkernt und fein gehackt**
2 EL	**Zitronensaft**
5 EL	**Weißwein**
3 EL	**Petersilie**
3 EL	**frische Petersilie– grob gehackt**
	→Cajun-Rub
	Baguette oder anderes Weißbrot

Das Öl in einer großen Pfanne erhitzen; den Chili und den Knoblauch zugeben und bei niedriger Hitze unter Rühren garen. Der Knoblauch sollte auf keinen Fall braun werden. Die Hitze wieder erhöhen und Shrimps und Cajun-Rub einrühren. 4 bis 5 Minuten unter gelegentlichem Rühren garen lassen. Dann Wein und Zitronensaft hineingießen und etwa 2 Minuten köcheln lassen. Anschließend die Petersilie unterrühren und servieren.

Wem Cajun-Rub zu scharf ist, kann den Chili weglassen und stattdessen mit etwas Salz und Pfeffer würzen.

Gewürzmischungen, Marinaden und anderes

Gewürzmischungen

Selbstgemixte Gewürzmischungen (Rubs) erlauben individuelles Würzen, je nach Gusto mehr oder weniger scharf. Vor allem können Allergiker „ihre“ Mischung selbst bestimmen. Ein weiterer Vorteil ist, man kann die Rubs schon zuhause mixen, sodass man nicht ein ganzes Gewürz-Sortiment einpacken muss. Die Gewürzmischungen hier eignen sich je nach Zusammensetzung für Fleisch, Eintöpfe oder andere Gerichte und halten sich in einem kleinen Schraubglas meist sehr lange. Alle Zutaten müssen gut miteinander vermischt werden.
Das jeweilige Fleisch wird damit häufig unmittelbar vor dem Grillvorgang eingerieben. Gelegentlich auch einige Stunden vorher, denn je länger das Gewürz einzieht, umso intensiver wirkt es.

Texan Border Lemon-Spice

Diese alte Familien-Gewürzmischung kann sowohl für Schweinefleisch, als auch Fisch und Huhn verwendet werden, versicherte die Besitzerin des „Texan Border Restaurants” in Del Rio. Ihrer Familie gehörte fast 100 Jahre lang eine Ranch im Grenzgebiet.

1 EL	**Zitronenpulver oder Granulat**
6 EL	**brauner Zucker**
1 EL	**Paprikapulver**
1 EL	**Chilipulver – mild oder scharf, je nach Geschmack**
6 EL	**Salz**
2,5 EL	**Pfeffer**

Long Hill Ranch-Rub

½ TL	Knoblauchpulver
½ TL	Zwiebelpulver
½ TL	Salz
½ TL	Cayenne-Pfeffer
½ TL	schwarzer Pfeffer
½ TL	weißer Pfeffer
12 EL	brauner Zucker
6 EL	Paprikapulver - mild oder scharf, je nach Geschmack

Muskoka-Rub

1 TL	Pfefferkörner - frisch zerstoßen
½ TL	Thymianpulver
½ TL	Chilipulver - mild oder scharf, je nach Geschmack
1 TL	Paprika süß
1 TL	Zwiebelpulver
½ TL	Knoblauchpulver
½ TL	Dillpulver oder Dillspitzen
3 TL	getrocknete Petersilie

Cajun-Rub

Cajun-Rubs geben Huhn, Schwein und auch Fisch ein wunderbares Aroma. Die Zutaten eines Cajun-Rubs entstammen der eher einfachen und rustikalen Küche Louisianas und setzen sich aus lokal verfügbaren Kräutern und Gewürzen zusammen. Daher variieren die Mischungen der einzelnen Haushalte in ihrer Zusammensetzung. Insbesondere die Schärfe kann dadurch nach Gusto reguliert werden.

1 TL	Salz
1 TL	Knoblauchpulver
1 TL	Paprikapulver edelsüß
1 TL	Schwarzer Pfeffer
1 TL	Zwiebelpulver
½ TL	Cayenne Pfeffer - für mehr Schärfe den Anteil erhöhen
½ TL	getrockneter Oregano
½ TL	getrockneter Thymian

New Mexiko Chili-Rub

4 TL	**Paprikapulver edelsüß**
2 TL	**Paprikapulver rosenscharf**
3 TL	**Kreuzkümmel**
2 TL	**Cayenne-Pfeffer**
1 TL	**bunter Pfeffer – notfalls schwarzer Pfeffer**
2 TL	**Salz**
2 TL	**Zwiebeln – granuliert**
1,5 TL	**Knoblauch – granuliert**
1 Prise	**Zucker**
1 Prise	**Zimt**

Diese Gewürzmischung eignet sich nicht nur für Fleisch, sondern auch für ein Bohnen-Hackfleisch-Chili. Für 500 Gramm Fleisch benötigt man 4 Teelöffel Gewürzmischung.

Marinaden

Wer einmal sein Fleisch selbst mariniert hat, wird kein fertig eingelegtes mehr kaufen wollen. Nicht nur Qualität und Frische sind bei unbehandeltem Fleisch besser zu beurteilen, sondern auch Allergiker profitieren ebenso wie bei den Gewürzmischungen von selbst zusammengestellten Marinaden.
Im Idealfall besteht die Möglichkeit, das Grillgut bereits am Tag vor dem Grillen zuzubereiten und es über Nacht zugedeckt an einem kühlen Ort zu marinieren, sodass sich die Aromastoffe besonders gut entfalten können. Das ist beim Camping jedoch nicht immer möglich, und man muss mit kürzeren Zeiten zurechtkommen, in denen das Fleisch in großen Gefrierbeuteln mariniert werden kann. Die Intensität des Aromas steigt mit der Länge der Einwirkungszeit.
Wer keine Zeit oder Lust hat, eine Marinade zuzubereiten, kann auch Liquid Smoke verwenden, das dem Fleisch einen leckeren Rauchgeschmack verleiht, wenn man es je nach Möglichkeit 1 bis 4 Stunden einziehen lässt. Vor dem Grillen muss das Grillgut dann nur noch nach Wunsch gewürzt werden.
Weitere Marinaden sind bei den entsprechenden Rezepten zu finden.

Grandma Sharon's Steak-Marinade

6 EL	Öl
1 EL	Zitronensaft
1	Knoblauchzehe - zerdrückt
½ TL	Salz
¼ TL	Pfeffer

Die Zutaten vermischen. Das Fleisch vor dem Grillen damit einpinseln und 60 Minuten an einem kühlen Ort ziehen lassen. Die Marinade kann zusätzlich während des Grillens zum Einpinseln verwendet werden.

Aunt Lizzy's Rotwein-Marinade

250 ml	trockener Rotwein
2 EL	Weinessig
2	Knoblauchzehen - zerdrückt
1 TL	Salz
1 TL	Oregano- oder Basilikumblätter - fein gehackt
2 EL	Öl

Alle Zutaten gut vermischen. Das Fleisch darin 2 bis 6 Stunden ziehen lassen.

Marinade Tripple Creek Ranch

2	Zwiebeln
10 EL	Pfirsichmarmelade
3 EL	Ketchup
4 EL	Zucker
4 EL	milder Essig
2 EL	Worcestershire-Sauce
1 TL	Paprikapulver
1 TL	Senf
½ TL	Tabasco

Alle Zutaten in einem Topf vermischen und 15 Minuten köcheln lassen. Das Fleisch darin marinieren und beim Grillen damit einpinseln.

Orangen-Marinade

4 EL	**Orangenmarmelade**
4 EL	**Ketchup**
4 EL	**Erdnussöl oder anderes neutrales Öl**
2 EL	**Weinessig**
1	**Zwiebel – sehr fein gehackt**
1 EL	**Worcestersauce**
1	**Spritzer Tabasco**
½ EL	**getrockneter Oregano**

Die Zutaten sorgfältig in einer Schüssel miteinander vermischen. Mit Frischhaltefolie abdecken und vor dem Marinieren mindestens 12 Stunden durchziehen lassen. Am nächsten Tag noch einmal aufrühren, das Fleisch einlegen und 60 Minuten abgedeckt kühlstellen.

Diese Marinade passt gut zu Schwein und Geflügel.

Grandma Ruth‘s Orange-Chili-Marinade

6 EL	**heißes Wasser**
2	**Knoblauchzehen – sehr fein gehackt – notfalls Knoblauchpulver**
1	**rote Chilischote – sehr fein gehackt – notfalls Chilipulver**
3 EL	**Orangenmarmelade**
1 EL	**Rohrzucker**
3 EL	**Weißweinessig**
2 EL	**Worcestershire-Sauce**
3 EL	**Öl**
1 TL	**Salz**
½ TL	**Pfeffer**

Alle Zutaten miteinander gut vermischen. Das zu marinierende Fleisch in eine Schüssel legen, mit der Marinade übergießen und 2 Stunden abgedeckt an einen kühlen Ort stellen.

Diese Marinade passt besonders gut zu Geflügel.

Knoblauch-Mayonnaise

6 EL	Mayonnaise
100 ml	Sauerrahm
4	Knoblauchzehen – geschält und gepresst
1 Msp	Muskatnuss
2 EL	Zitronensaft
	Salz und Pfeffer

Die Mayonnaise mit dem Sauerrahm glattrühren, den Knoblauch untermengen und mit Salz, Pfeffer, Zitronensaft und Muskat abschmecken. Etwas ziehen lassen.

Chili-Mayonnaise

500 ml	Mayonnaise
1	Limette – ausgepresst
1	kleine Zwiebel – sehr fein gehackt
1	rote Chili – entkernt und sehr fein gehackt
1	Jalapeño – entkernt und sehr fein gehackt
2 EL	Koriander – fein gehackt
	Salz und Pfeffer

Die Mayonnaise mit Limettensaft, Salz und Pfeffer gut verrühren. Die anderen Zutaten hinzufügen und bis zum Verbrauch zugedeckt kühlstellen.
Schmeckt gut zu Geflügel und Fisch oder auch als Brotaufstrich

Chili-Butter

100 g	Butter – Zimmertemperatur
6 EL	Zitronensaft
1 EL	Zucker
2	kleine Chilischoten – sehr fein gehackt – notfalls Chilipulver

Alle Zutaten gut miteinander verrühren. Die Chilibutter für 2 Stunden kühl stellen.
Die Chilibutter schmeckt gut zu Fisch oder Maiskolben.

Chili-Limetten-Butter

200 g	Butter - Zimmertemperatur
2 EL	Limettensaft
2 TL	geriebene Limettenschale
1	Jalapeño - entkernt, sehr fein gehackt- oder andere Chili-Art
	Salz nach Geschmack

Alle Zutaten gut miteinander verrühren und zum Durchziehen mindestens 2 Stunden kalt stellen.
Die Butter schmeckt gut zu Fisch oder Maiskolben.

Limetten-Butter

100 g	Butter - Zimmertemperatur
5 TL	Limettensaft
½ TL	frischer Thymian - fein gehackt
	Salz und Pfeffer

Alle Zutaten gut miteinander verrühren. Bis zur Verwendung zugedeckt kühl stellen.
Schmeckt sehr gut zu gegrilltem Fisch.

Pinienkern-Butter

125 g	Butter - Zimmertemperatur
1 EL	Honig
100 g	Pinienkerne
	Cayenne-Pfeffer - nach Geschmack
	Salz

Die Pinienkerne in einer Pfanne unter Rühren bis zur leichten Bräunung trocken (ohne Öl) rösten. Die Butter mit Honig, Salz und Cayenne-Pfeffer schaumig schlagen. Die Pinienkerne sehr fein hacken und anschließend in die Buttermischung geben. Gut untermischen und die Butter vor dem Gebrauch 12 Stunden lang kühl stellen.

Whiskey-Butter

Diese Butter stammt von der ehemaligen Buffalo Head Ranch, im Grenzgebiet zwischen New Mexico und dem Texas-Panhandle. Die Ranch ist schon seit Jahrzehnten verkauft, doch ein Nachfahre der Pioniere, die diese Ranch einst gegründet hatten, lebt noch in Kenton und bringt sie gerne zu örtlichen BBQ-Festen mit. Er selbst liebt sie als Brotaufstrich für seine Sandwiches.
Ursprünglich befand sich kein Whiskey in dieser Butter, die zu Gegrilltem jeder Art serviert wurde. Doch eines Tages kippte die Whiskeyflasche auf dem Tisch beim Essen um, sodass sich etwas Whiskey in die Butter ergoss. Da es damals nicht üblich war, etwas wegzuwerfen, wurde sie mit dem Whiskey angereichert gegessen. Den Männern gefiel der Geschmack so gut, dass sie seitdem auf diese Zutat bestanden.
Die Butter schmeckt natürlich auch ohne den Whiskey sehr lecker.

250 g	**Butter – Zimmertemperatur**
1	**kleine rote Zwiebel – fein gehackt**
50 g	**Speck – fein gewürfelt**
1	**Knoblauchzehe – fein gehackt**
1 EL	**Honig**
1 – 2 EL	**Whiskey**
	Salz und Pfeffer nach Geschmack

Den Speck in einer Pfanne anrösten. Die Zwiebeln hinzufügen und anschwitzen. Etwas abkühlen lassen, dann beides zur Butter geben und die restlichen Zutaten hinzufügen. Alles gut verrühren und bis zum Gebrauch kühlstellen.

Orangen-Honig-Butter

125 g	**Butter – Zimmertemperatur**
2 EL	**Honig**
2 EL	**Orangenmarmelade**

Alle Zutaten gut miteinander verrühren.
Die Butter schmeckt sehr gut zu Pfannkuchen.

Nuss-Butter

500 g Erdnüsse oder andere Nüsse – gemahlen
6 EL lauwarmes Wasser
5 EL Erdnussöl oder Sonnenblumenöl
1 – 2 TL Salz nach Geschmack

Die Nüsse mit dem Wasser und dem Öl gut verrühren, bis eine cremige Paste entsteht. Je nach Geschmack mit Salz würzen.
Schmeckt gut als Brotaufstrich.

Guacamole

Guacamole ist eine aus Mexiko stammende Avocado-Creme, die fast von jeder Hausfrau etwas anders zubereitet wird. Die Creme war in ihrer einfachsten Form bereits vor 500 Jahren unter den Azteken beliebt. Guacamole schmeckt gut als Beilage zu Fleischgerichten zusammen mit Tortillas, als Dip zu Tortilla-Chips oder als einfacher Brotaufstrich. Bei der Zubereitung ist darauf achten, dass die Avocado auch wirklich reif ist. Die Avocado wird halbiert, der Kern herausgelöst, das Fruchtfleisch mit einem Teelöffel aus der Schale geholt und anschließend zerdrückt oder püriert und mit den jeweiligen Zutaten vermischt.
Die Zugabe von Limetten oder Zitronensaft ist bei der Zubereitung der Guacamole sehr wichtig, da sie sich sonst rasch braun färbt.

Guacamole Classic

1 reife Avocado – zerdrückt
1 EL Limettensaft
1 kleine rote Zwiebel – sehr fein gehackt
Salz und Pfeffer
Chili-Pulver – falls gewünscht

Alle Zutaten miteinander verrühren und nach Geschmack salzen und pfeffern.
Wird mehr Schärfe gewünscht, mit etwas Chili-Pulver würzen.

Chili-Guacamole

2	reife Avocados - zerdrückt
1	Jalapeño oder andere scharfe Chili - entkernt, sehr fein gehackt
1	Tomate - sehr klein geschnitten
1	kleine Zwiebel - sehr fein gehackt
1	Knoblauchzehe - sehr fein gehackt
1 TL	Limettensaft
2 TL	Sour Cream
	Salz

Alle Zutaten miteinander verrühren und nach Bedarf salzen.

Tabasco-Guacamole

2	reife Avocados - zerdrückt
1	Tomate - sehr klein geschnitten
2 EL	Zwiebeln - sehr fein gehackt
3 EL	frischer Koriander - fein gehackt
2 TL	Limettensaft
	etwas Salz
	Tabasco Green Pepper oder Pepper Sauce

Alle Zutaten, außer dem Tabasco, miteinander verrühren. Mit 1 bis 2 Tropfen Tabasco, oder nach Geschmack auch mehr, würzen und vermischen.

Der Name Salsa (span. Sauce) ist ein wenig irreführend, denn eigentlich handelt es sich bei der Avocado- oder Tomaten-Salsa eher um eine Art Salat, der als Beilage zu Fleisch oder als Dip zu Nachos (Tortilla-Chips) serviert wird.

Avocado-Salsa

1	Avocado - klein gewürfelt
2	große Tomaten - sehr fein gewürfelt
1	roter Chili - entkernt und fein gehackt
4	Frühlingszwiebeln - fein gehackt
2 EL	Koriander - fein gehackt
1	Limette - ausgepresst
2 TL	Limettenschale - geraspelt
3 EL	Olivenöl

Alle Zutaten vermischen und kühl stellen, damit sich das Aroma entwickeln kann.

Tomaten-Salsa

1	mittelgroße Tomate - gehäutet, entkernt und fein gewürfelt
1	mittelgroße Zwiebel - fein gehackt
1	roter Chili -entkernt und fein gehackt - Sorte nach Geschmack
1	grüner Chili - entkernt und fein gehackt - Sorte nach Geschmack
1 EL	Koriander - fein geschnitten
3 EL	Limettensaft
2 TL	Limettenschale - geraspelt

Alle Zutaten vermischen und bis zum Servieren zugedeckt kühlstellen.
Die Salsa kann durchaus einen Tag vorher zubereitet werden, schmeckt jedoch am besten, wenn sie nur wenige Stunden zieht.
Tomaten-Salsa wird gerne anstelle von Ketchup verwendet.

Saucen für BBQ, Salat und anderes

Ketchup

Seit Mitte des 19. Jahrhunderts ist Tomatenketchup in den USA verbreitet, wurde jedoch überwiegend aus frischen Tomaten bzw. Dosentomaten selbst hergestellt. Jeder Haushalt hatte sein eigenes Rezept, dessen Geschmacksrichtung je nach Vorliebe variierte. Dieses Rezept mit Tomatenmark als Basis lässt sich schnell zubereiten.

100 g Tomatenmark – 2-fach konzentriert
100 ml Wasser
3 EL brauner Zucker oder 2 EL Honig
2 EL Essig
½ TL Senf
Salz nach Geschmack

Den braunen Zucker in etwas Wasser auflösen und anschließend mit den gut verrührten restlichen Zutaten kurz aufkochen. Etwa 5 Minuten köcheln lassen. Dabei gelegentlich umrühren, damit das Ketchup nicht ansetzt.
Warm oder kalt servieren.

Wer es würziger liebt, kann dieses Grundrezept nach Gusto geschmacklich verändern. Zum Beispiel durch die Zugabe von etwas Piment und/oder einer sehr fein gehackten, kleinen Zwiebel. Soll das Ketchup schärfer sein, kann man Cayenne-Pfeffer oder Chilipulver hinzufügen oder je nach Geschmacksrichtung auch würziges Currypulver. Wer es ganz klassisch mag, fügt die Gewürze aus einem der Rezepte von „Heinz" aus dem Jahr 1883 hinzu: Gewürznelken, Cayenne-Pfeffer, Muskatnuss, Zimt und Piment.

Sally's Limetten-Ketchup

500 ml Ketchup
½ TL Cayenne-Pfeffer
1,5 Limetten – ausgepresst

Alle Zutaten verrühren und bis zum Servieren kühlstellen.

Alle Saucen und Dressings dieses Kapitels können unabhängig von bestimmten Gerichten zubereitet und je nach Art jeweils zu gegrilltem oder gebratenem Fleisch und Fisch oder auch zu Gemüse, Salat und Pfannkuchen serviert werden. Dadurch erweitern sich die Möglichkeiten, regionale Einkäufe durch eine leckere Sauce spontan zu einer eigenständigen Mahlzeit zu verarbeiten.

Tomaten-Sauce

150 g	**Tomatenmark – 2-fach konzentriert**
½ l	**Wasser oder Gemüsebrühe**
1	**Zwiebel – sehr fein gewürfelt**
2 EL	**Öl**
	Salz und Pfeffer

Das Öl erhitzen und die Zwiebeln darin glasig werden lassen. Anschließend das Tomatenmark dazugeben und nach und nach die Flüssigkeit einrühren. Mit Pfeffer und Salz würzen.
Je nach Gusto kann eine feingehackte Knoblauchzehe mit angebraten, sowie weitere Gewürze oder Kräuter hinzugefügt werden.

Chili-Sauce Laredo

15	**rote Chilis – in kleine Stücke geschnitten**
250 ml	**Tomatensaft**
2 EL	**Fett**
2	**Knoblauchzehen – klein gehackt**
2	**Zwiebeln – klein gehackt**
2 EL	**Mehl**
1 TL	**Salz**
½ TL	**Oregano**
	etwas Tabasco zum Abschmecken

Die Chilis knapp mit Wasser bedecken und so lange köcheln lassen, bis sie gar sind. Anschließend durch ein Sieb abgießen, zu einer Paste verarbeiten und mit dem Mehl vermischen. Zwiebeln und Knoblauch im Fett dünsten und mit der Chilipaste im Topf vermischen. Den Tomatensaft und die Gewürze hinzufügen und unter gelegentlichem Umrühren im offenen Topf 30 Minuten köcheln lassen oder bis die Sauce eindickt. Mit Tabasco abschmecken, falls die Sauce nicht scharf genug ist.
Die Sauce kann warm oder kalt serviert werden.

Meerrettich-Schnittlauch-Sauce

250 ml Sour Cream
4 EL sehr fein geriebener Meerrettich oder Fertigprodukt
3 EL Milch
2 EL in feine Röllchen geschnittener Schnittlauch
weißer Pfeffer nach Geschmack

Alles verrühren und zugedeckt mindestens 1 Stunde an einem kühlen Ort ziehen lassen.
Diese Sauce schmeckt sehr gut zu Fisch.

Löwenzahn-Sauce (Caddo)

1 kg frische Löwenzahnblätter – möglichst vor der Blüte ernten
1 l Wasser
250 ml Milch
½ TL Salz
2 EL Butter
2 EL Mehl
Salz und Pfeffer

Die Löwenzahnblätter im Wasser mit dem Salz zusammen aufkochen. Die Hitze reduzieren und 15 Minuten köcheln lassen. Anschließend das Wasser abgießen. Die Butter schmelzen und mit dem Mehl zu einer Paste verarbeiten. Die Milch hinzufügen und die Masse zu einer cremigen Sauce verrühren. Mit Salz und Pfeffer würzen. Die Löwenzahnblätter in feine Stücke hacken und zur Sauce geben.
Die Sauce kann zu Fleisch jeder Art serviert werden.

Limetten-Sauce

4 EL frischer Limettensaft
12 EL Butter – geschmolzen
1 große Knoblauchzehe – zerquetscht
1 TL Salz
½ TL Pfeffer

Limettensaft, Knoblauch, Pfeffer und Salz vermischen und die geschmolzene Butter in kleinen Mengen einarbeiten. Zugedeckt kühl stellen.
Sie kann warm oder kalt serviert werden und schmeckt sehr gut zu Fisch.

Cranberry-Sauce

250 g	**frische Cranberrys oder 125 g getrocknete Cranberrys**
200 ml	**Wasser**
3 EL	**Zitronen- oder Orangensaft**
10 EL	**Zucker – je nach Geschmack auch mehr**

Getrocknete Cranberrys einige Stunden einweichen lassen. Wasser, Saft und Zucker zum Kochen bringen, die Cranberrys hinzufügen und weiterkochen, bis die Beeren aufspringen. Falls nötig etwas mehr Wasser hinzugeben. Unter Umrühren noch 10 Minuten weiterköcheln lassen.
Die Sauce wird kalt serviert.
Cranberry-Sauce schmeckt zu jeder Art von Fleisch und auch zu Pfannkuchen.

Butterscotch-Sauce

2 EL	**Butter**
8 EL	**brauner Zucker**
6 EL	**Ahorn- oder Maissirup**
4 EL	**Sahne**
1 EL	**Rum – nicht zwingend erforderlich**

Die Butter in einem Topf bei niedriger Hitze zerlassen. Zucker und Ahornsirup hinzufügen und unter ständigem Rühren erhitzen, bis die Sauce etwas fest wird, aber noch nicht kristallisiert. Die Sahne und den Rum unterrühren.
Schmeckt sehr gut zu Pfannkuchen, Muffins oder Eis.

Gravy

Die ersten Siedler durchmachten teilweise schwere Zeiten und kämpften nicht selten um die nackte Existenz. Entsprechend der jeweiligen Lage waren dann auch die Vorräte meist nicht sehr üppig und häufig stellten Kartoffeln mit Pökelfleisch die tägliche Mahlzeit dar. War selbst das ausgegangen, wurde aus Speck, kleinen Fleischresten oder erjagtem Kleingetier eine Sauce gekocht und über Kartoffeln oder Kartoffelbrei gegossen. Wenn selbst diese nicht verfügbar waren, kamen Biscuits oder Maisbrot auf den Tisch und die fertige Sauce wurde mit klein gehackten, hart gekochten Eiern angereichert. Auch heute noch steht in jedem Restaurant des Südwestens zu jeder Mahlzeit als Beilage „Biscuits and Gravy" auf der Karte.

Pioneer-Gravy

6	**Scheiben Speck – fein gewürfelt**
500 ml	**Milch**
2 EL	**Weizen- oder Maismehl – was gerade da ist**
	Salz und Pfeffer
4	**hartgekochte Eier – klein gehackt**

Den Speck in einer Pfanne auslassen, braun werden lassen und aus der Pfanne nehmen. Das Mehl im Speckfett anschwitzen, salzen und pfeffern, die Milch langsam hinzufügen und unter Rühren auf kleiner Flamme zu einer dicklichen Sauce kochen. Den gebratenen Speck anschließend in die Sauce geben und falls gewünscht noch klein gehackte Eier hinzufügen.

Onion-Gravy

	Speck oder fette Fleischreste – was gerade da ist – fein gewürfelt
2	**mittelgroße Zwiebeln – fein gehackt**
2 EL	**Rohrzucker**
2 EL	**Maismehl – mit kaltem Wasser gut verrührt**
½ l	**Rinderbrühe – notfalls Hühnerbrühe**
1 EL	**Essig**
	Salz und Pfeffer
	Chilipulver, falls gewünscht – mild oder scharf nach Geschmack

Den Speck oder das fette Fleisch in einer Pfanne anbräunen. Die Zwiebeln dazugeben und in dem Fett bei niedriger Hitze weich und glasig werden lassen. Den Zucker darauf verstreuen und umrühren. Die Fleischbrühe und den Essig hinzufügen. Das Ganze ohne Deckel unter gelegentlichem Rühren etwa 15 Minuten köcheln lassen. Das aufgelöste Maismehl einrühren, die Sauce aufkochen und simmern lassen, bis sie dicklich wird. Mit Salz und Pfeffer und, falls gewünscht, mit Chilipulver abschmecken.

Die Sauce kann kalt oder warm serviert werden.

Sie schmeckt gut zu verschiedenem Grillfleisch wie Burgern, Steaks, Schweine- oder Hühnerfleisch. Einen Tag vor der Verwendung zubereitet, verstärkt sich ihr Geschmack.

Butter-BBQ-Sauce

125 g	**Butter**
120 ml	**Ketchup**
1	**Zwiebel – fein gehackt**
1,5 TL	**Chilipulver**
1 TL	**Salz**
⅛ TL	**Pfeffer**
4 EL	**brauner Zucker**
2 EL	**Worcestershire-Sauce**

Die Butter in einem Tiegel schmelzen lassen. Zwiebeln hinzufügen und weich dünsten. Ketchup, Zucker, Worcestershire-Sauce, Chilipulver, Salz und Pfeffer einrühren. 5 Minuten köcheln lassen.

Diese Sauce kann zum Einpinseln von Fleisch während des Grillvorgangs verwendet, aber auch als Sauce zum Fleisch serviert werden.

Old Henry's Whiskey-BBQ-Sauce

240 ml	Bourbon Whiskey
240 ml	Ketchup
240 ml	Apfelessig
225 g	brauner Zucker
1	große Zwiebel – fein gehackt
2 EL	Worcestershire-Sauce
	Tabasco
	Liquid Smoke
	Salz und Pfeffer

Zwiebeln in heißem Öl glasig werden lassen. Den Zucker hinzufügen und unter ständigem Rühren leicht karamellisieren. Mit Apfelessig und Whiskey ablöschen. Das Ketchup einrühren und bei niedriger Temperatur ca. 30 Minuten einkochen oder solange, bis eine dickflüssige Masse entsteht. Dabei gelegentlich umrühren. Mit Salz, Pfeffer, Tabasco und Liquid Smoke abschmecken.

Devils BBQ-Sauce

200 g	Tomatenmark – 2-fach konzentriert
200 ml	Wasser
80 ml	Apfelessig
4 EL	brauner Zucker
1 EL	Worcestershire-Sauce
1 TL	extrascharfer Senf
1–2 TL	Tabasco – je nach gewünschter Schärfe

Alle Zutaten in einen Topf geben und ca. 10 Minuten köcheln lassen, bis die Sauce eindickt. Abkühlen lassen.

Die Sauce hält bis zu zwei Wochen an einem kühlen Ort. Passt gut zu Burgern und anderem gegrillten Fleisch.

Texas Ranch-Dressing

250 ml	Buttermilch
250 ml	Mayonnaise
2	kleine Knoblauchzehen - sehr fein gehackt
2 EL	frische Petersilie - fein gehackt - notfalls 2 TL getrocknete
½ EL	frischer Oregano - fein gehackt - notfalls ½ TL getrockneter
½ TL	Salz
½ TL	schwarzer Pfeffer
1	kleine Zwiebel - sehr fein gehackt

Alle Zutaten verrühren und mindestens 1 Stunde an einem kühlen Ort ziehen lassen. *Die Sauce kann als Salatdressing, aber auch als Sauce zu gebackenen Kartoffeln oder Gegrilltem verwendet werden. Dazu reduziert man die Buttermilch und erhöht den Mayonnaise-Anteil.*

Grandma Ruth's Sour Cream-Dressing

250 ml	Sour Cream
2 EL	Essig
1 EL	Zitronensaft
1	Lauchzwiebel - sehr fein gehackt
3 EL	Zucker
	Salz

Alle Zutaten gut miteinander verrühren und 1 Stunde in den Kühlschrank stellen.

Dressing Pike Bay

6 EL	Walnussöl
2 EL	Ahornsirup
1 TL	Meerrettich – geraspelt – oder aus dem Glas mild oder scharf
4 EL	Rotweinessig
1	Knoblauchzehe – zerdrückt

Alle Zutaten gründlich verrühren und mindestens 1 Stunde an einem kühlen Ort ziehen lassen.

Pecan-Dressing von der Pecan Tree Ranch

6 EL	Pecanöl – ersatzweise Walnussöl
6 EL	weißer Essig
2 TL	Cranberry Sirup
1 TL	scharfer Senf
50 g	Pecannüsse – grob gehackt – notfalls Walnüsse
	Salz und Pfeffer

Das Öl mit Essig, Sirup und Senf glattrühren und mit Salz und Pfeffer abschmecken. 30 Minuten ziehen lassen. Dann nochmals gut durchrühren und die gehackten Pecans hinzufügen, bevor die Sauce unter den Salat gehoben wird.

Orangen-Dressing

1 TL	scharfer Senf
4 EL	Olivenöl
2 EL	heller Essig
1	Orange – frisch ausgepresst
	Salz und Pfeffer

Alle Zutaten gut verrühren und 30 Minuten ziehen lassen.

Süße Köstlichkeiten und Kuchen aus der Pfanne

Marmelade

Gelegentlich bietet sich die Möglichkeit, frische Früchte auf einem ländlichen Markt zu kaufen oder beim Wandern selbst einige Beeren zu sammeln. Es bietet sich an, daraus ohne viel Aufwand einen leckeren Brotaufstrich zu machen.
Wichtig ist, dass ebenso viel Zucker verwendet wird wie Früchte. Verarbeitet man einfachen Zucker anstatt Gelierzucker, wird die Marmelade etwas flüssiger. Ein wenig Zitronensaft fördert den Gelierprozess und verfeinert den Geschmack.

250 g	**Himbeeren, Brombeeren, Erdbeeren, Kirschen oder andere Früchte**
250 g	**Zucker**
	etwas Zitronensaft

Die geputzten Früchte in einen Topf geben und mit dem Zucker bedecken. Etwa 2 Stunden stehenlassen, damit sich Saft bildet, sonst besteht die Gefahr, dass der Zucker beim Kochen karamellisiert.
Auf kleiner Flamme solange köcheln lassen, bis der Zucker sich aufgelöst hat und die Früchte eingekocht sind. Anschließend die Marmelade in Schraubgläser füllen, verschließen, auf den Kopf stellen und abkühlen lassen.

Orangen-Sirup für Pfannkuchen

180 ml	**Orangensaft – frisch gepresst**
160 g	**brauner Zucker**
80 ml	**Wasser**
½ TL	**geriebene Orangenschale**

Alles verrühren und zum Kochen bringen. Ca. 20 Minuten köcheln lassen oder bis die Masse eingedickt ist. Heiß servieren und über die Pfannkuchen gießen.

Vanille-Pudding mit Brombeeren

	Brombeeren oder andere Beeren – so viele, wie gepflückt wurden
	Zucker
1 P	Puddingpulver (Vanillegeschmack)
500 ml	Vollmilch
3 EL	Zucker

Die Beeren mit dem Zucker kurz aufkochen und etwa 10 Minuten ziehen lassen. Anschließend in eine Schüssel füllen.

Das Puddingpulver mit 3 Esslöffeln Zucker vermischen und mit 6 Esslöffeln Milch anrühren. Die restliche Milch in einem Topf zum Kochen bringen. Sobald die Milch kocht, den Topf vom Feuer nehmen und das Puddingpulver-Gemisch unter die Milch rühren. Den Topf wieder aufsetzen und den Pudding etwa 1 Minute lang kochen lassen. Den fertigen Pudding über die Brombeeren gießen und solange stehen lassen, bis Pudding und Brombeeren erkaltet sind. Das kann 2 Stunden oder länger dauern.

Aprikosen-Kompott

300 g	Trockenaprikosen – in Scheiben geschnitten
1	Zitrone – in Scheiben geschnitten
1	Zimtstange
3 – 4	Nelken
1 Prise	Muskatnuss
6 EL	Ahornsirup oder ersatzweise Zuckersirup
	gehackte Nüsse, wenn vorhanden

Einen Topf mit etwas Wasser füllen und alle Zutaten einrühren. Ca. 30 Minuten köcheln lassen. Gelegentlich umrühren. Falls erforderlich, noch Wasser hinzufügen. Anschließend abküh-len lassen.

Vor dem Servieren mit den Nüssen überstreuen.

Grandma Mary's Beeren-Kompott

500 g	**frische Blaubeeren oder andere Beeren**
4 EL	**Zitronensaft**
4 EL	**Wasser**
4 EL	**Ahornsirup oder brauner Zucker – nach Geschmack auch mehr**
	Mark einer Vanilleschote – notfalls 1 Päckchen Vanillezucker

Zitronensaft erwärmen, Zucker und Vanillemark unterrühren und die Beeren dazugeben. Kurz aufkochen. Anschließend die Hitze reduzieren und alles solange leicht köcheln lassen, bis das Kompott beginnt einzudicken. Zwischendurch immer mal wieder umrühren. Den Topf vom Herd nehmen und das Kompott auskühlen lassen.
Entweder sofort als Nachtisch essen oder in einem verschließbaren Glas kühl aufbewahren.

Louise's Winter-Dessert

Der Rum gehörte nicht zum ursprünglichen Rezept von Louises Familie. Doch ihr Urgroßvater kam aus einer sehr alten Seefahrer-Familie und bestand immer darauf, seiner Portion einen kleinen Löffel Rum hinzuzufügen, auch wenn seine Frau heftig dagegen protestierte. Er behauptete, nur so sei das Dessert wirklich gut.

220 g	**getrocknete Äpfel – in Stücke geschnitten**
500 g	**Apfelmus**
4 EL	**Honig**
220 g	**Pecannüsse oder andere Nüsse – klein gehackt**
220 g	**Rosinen – klein gehackt**
4 EL	**Rum – falls gewünscht**
	Schlagsahne – falls vorhanden

Alles zusammen etwa 15 Minuten köcheln lassen. Falls gewünscht anschließend den Rum einrühren und heiß mit einem großen Löffel Schlagsahne servieren.

Nelly's Obstsalat mit Joghurt-Dressing

	Obst nach eigenen Wünschen – was immer da ist – in mundgerechte Stücke geschnitten – oder auch Beeren
4 EL	**Naturjoghurt**
4 TL	**Honig**
1 P	**Vanillezucker**
3 EL	**Walnüsse – klein gehackt**

Das Obst in eine Schüssel geben. Den Joghurt mit Honig, Vanillezucker und den Nüssen vermengen, über das Obst geben und vorsichtig unterrühren.

Kuchen in einer Pfanne gebacken

Alle folgenden Kuchen werden in einer Pfanne mit Deckel gebacken. Dazu sind nur schwere Pfannen geeignet, die eine gute Wärmeleitfähigkeit besitzen, wie z. B. gusseiserne. Die Kuchen können auch im Dutch Oven gebacken werden.
Der Pfannendurchmesser bei den folgenden Rezepten beträgt in der Regel 26 cm. Eventuelle Abweichungen sind im jeweiligen Rezept angegeben. Bei größeren oder kleineren Pfannen wird der Kuchen entsprechend dicker oder dünner und braucht etwas mehr oder weniger Zeit zum Durchbacken. Auch die Außentemperatur kann die Länge des Backvorgangs beeinflussen.
Mit einem Holzstäbchen oder Ähnlichem kann man testen, ob der Kuchen durchgebacken ist. Befinden sich beim Einstechen keine Teigkrümel am Stäbchen, ist der Kuchen fertig.

Linda's Orange-Cake

150 g	Joghurt
260 g	Mehl
8 EL	Zucker
5 EL	Pflanzenöl
3	Eier
½ P	Backpulver
1 TL	abgeriebene Orangenschale
6 EL	Orangensaft
	Fett für die Pfanne

Joghurt, Eier und Zucker sehr gut miteinander vermischen. Anschließend das Öl, den Orangensaft und die abgeriebene Orangenschale unterrühren. Mehl und Backpulver vermischen und mit den anderen Zutaten zu einem glatten Teig verrühren. Den Teig in die gut gefettete Pfanne füllen, den Deckel auflegen und den Kuchen etwa 30 Minuten bei niedriger Hitze backen.
Durchmesser der Pfanne 24 cm.

Lilac Ranch Blueberry-Cake

300 g	Blaubeeren
3	Eier
7 EL	Rohrzucker
150 ml	Joghurt
9 EL	gemahlene Mandeln
120 g	Mehl
1 P	Backpulver
1 EL	Pflanzenöl
1 EL	Butter

Die Eier mit dem Zucker schaumig schlagen. Joghurt, Öl und Mandeln langsam einrühren. Anschließend mit dem Mehl und dem Backpulver zu einem glatten Teig verarbeiten und die Blaubeeren unterheben. Die Butter in der Pfanne zerlassen und den Teig hineinfüllen. Den Deckel auflegen und den Kuchen bei niedriger Temperatur 20 Minuten backen oder, bis die Oberfläche trocken ist.

Shanon's Fruit Cake

300 g	**Brombeeren, Erdbeeren, Blaubeeren oder andere frische Früchte nach Jahreszeit**
1 EL	**Butter**
3	**Eier**
115 g	**Zucker**
120 g	**Mehl**
240 ml	**Milch**
1 EL	**Puderzucker**

Die Eier mit dem Zucker schaumig schlagen. Das Mehl hinzufügen. Unter ständigem Rühren die Milch eingießen, bis ein gleichmäßig glatter Teig entsteht. Die Butter erhitzen, die Früchte auf dem Boden der Pfanne verteilen und den Teig darüber gießen. Den Deckel auflegen und den Kuchen bei niedriger Temperatur 15 bis 20 Minuten backen oder bis sich die Oberfläche trocken anfühlt.

Cook Gary's Apple Cake

3	säuerliche Äpfel – geschält, entkernt und in Schnitze geschnitten
2 TL	Zitronen- oder Orangensaft – frisch gepresst
150 g	Rohrzucker
210 g	Mehl
1 EL	Backpulver
100 g	Butter – weich
120 ml	Milch
3	Eier
1 TL	geriebene Zitronen- oder Orangenschale
1 TL	Zimt
1 Msp	Muskatnuss – optional

2 Esslöffel Butter in einer Pfanne schmel-zen lassen und die Äpfel mit 2 Esslöffeln Zucker und dem Zitronensaft darin verteilen und einige Minuten dünsten. Die Eier mit dem Zucker schaumig schlagen. Anschließend Mehl, Backpulver, Zitronenschale, Zimt und Muskatnuss dazugeben und gut vermengen. Nach und nach die Milch hinzufügen, alles zu einem glatten Teig verrühren und über die Äpfel geben. Den Teig glattstreichen, den Deckel auf die Pfanne legen und den Kuchen 10 Minuten bei mittlerer Hitze backen. Anschließend auf niedrigste Hitze stellen und 15 bis 20 Minuten weitergaren lassen oder bis der Kuchen durchgebacken ist.

Chocolate-Cherry-Cake Fredericksburg

1	kleines Glas Kirschen – gut abgetropft oder 250 g frische, entsteinte Kirschen
5 EL	Butter
3	Eier
7 EL	Zucker
120 g	Mehl
120 ml	Milch
10 EL	Kakao
1 P	Backpulver

4 Esslöffel Butter, die Eier und den Zucker in einer Schüssel schaumig rühren. Mit Mehl, Backpulver und Kakao gut vermengen. Anschließend mit der Milch zu einem glatten Teig verrühren. Den restlichen Esslöffel Butter in der Pfanne zerlassen und die Kirschen darin erhitzen. Den Teig über die Kirschen geben und den Deckel auflegen. Den Kuchen bei niedriger Temperatur 15 Minuten backen. Anschließend vom Herd nehmen und 15 Minuten bei geschlossenem Deckel ruhen lassen.

Brownies Nacogdoches

170 g	**Butter - 150 g in kleine Stücke geschnitten**
2	**Eier**
14 EL	**Zucker**
2 EL	**Vanillezucker**
12 EL	**Kakaopulver**
4 EL	**Mehl**
7 EL	**Mandeln - gemahlen**
8 EL	**Walnüsse- fein gehackt - oder andere Nüsse nach Wahl**
6 - 7 EL	**Schokolade - geraspelt**

Die Eier in einer Rührschüssel cremig rühren, Zucker und in Stücke geschnittene Butter hinzufügen und weiter cremig rühren. Mehl, Backpulver und Kakao einrühren. Zuletzt die Nüsse dazugeben und mit dem Teig gut vermischen. Die restliche Butter in einer Pfanne mit Deckel schmelzen lassen. Die Pfanne einmal schwenken, um die Butter zu verteilen, und den Teig in die Pfanne geben. Mit geschlossenem Deckel den Kuchen bei niedriger Temperatur 20 Minuten backen. Anschließend vom Herd nehmen und 30 Minuten bei geschlossenem Deckel ruhen lassen. Kann warm oder kalt genossen werden.

Pfannen-Durchmesser 20 cm

Kochbücher und mehr aus dem Buffalo Verlag

Die Autorin und Journalistin Ute Tietje, eine begeisterte Fotografin und langjährige erfolgreiche Westerntrainern, bereiste seit 1991 bis heute für ihre verschiedenen Bücher und Artikel in Magazinen teilweise mehrmals im Jahr den nordamerikanischen Kontinent. Insbesondere den Südwesten der USA. Sie verbrachte zudem einen großen Teil des Jahres 2007 in Kanada.
Auf diesen Touren sammelte sie bei unzähligen Kontakten und Einladungen bei der gastfreundlichen Bevölkerung auf Ranches, bei den Nachfahren der Ranch- und Trailköche, in kleinen familiengeführten Restaurants oder auch bei den Ureinwohnern die häufig noch aus Pionierzeiten überlieferten Rezepte.
Die Recherche für alle Bücher der Autorin erfolgt immer vor Ort. So gehörten im Hinblick auf weitere Werke – darunter auch Belletristik – seit 1999 auch Andalusien sowie weltweit viele andere Regionen zu ihren Reisezielen.

Texas-BBQ – Ute Tietje

Grillen wie die Rancher und Cowboys

112 Seiten – viele s/w-Fotos – ISBN 978-3-946860-40-2
Buffalo Verlag, Verden – 4. Auflage 2018 – 12,90 €

BBQ hat in Texas Tradition und wird ganzjährig zu vielen Gelegenheiten mit verschiedenen Grillmethoden zelebriert. Neben dem Hauptgrillgut bietet dieses Kochbuch nicht nur hundert Jahre alte Rezepte für Rubs, Marinaden und BBQ-Saucen, sondern auch die beliebten Beilagen und Getränke, ohne die ein zünftiges Texas-BBQ nicht denkbar ist.

Cowboy Cooking – Ute Tietje

Traditionelle Chuck Wagon- und Ranch-Küche

108 Seiten – viele s/w-Fotos – ISBN 978-3-9809141-0-9
Buffalo Verlag, Verden, 6. Auflage 2016 – 11,90 €
Auch in niederländischer Sprache

Die jeweilige Tätigkeit des hart arbeitenden Cowboys bestimmte in der Regel die Art seiner Mahlzeiten und war für seine Lebensqualität entscheidend. Ob als „Lonesome Rider“ auf der Suche nach verirrten Rindern, auf einem wochenlangen Viehtrieb oder zuhause auf der Ranch bei der Arbeit, wo das Angebot an frischen Lebensmitteln etwas üppiger war. Neben dem Lohn war gute Verpflegung für den Rancher ein Garant, dass die Cowboys ihm treu blieben.

Indian Cooking – Ute Tietje

Indianische Küche des Südwestens und der Plains

108 Seiten – viele s/w-Fotos – ISBN 978-3-9809141-1-6
Buffalo Verlag, Verden – 5. Auflage 2010 – 11,90 €

Trotz der leidvollen Vertreibungsgeschichte der einzelnen Indianerstämme bei der Eroberung ihres Lebensraumes durch europäische Siedler haben die überlebenden Stämme ihre Kultur nicht nur teilweise bewahrt, sondern pflegen sie heute wieder mit angemessener Würde und Stolz. Zu ihrer Kultur gehören die traditionellen Gerichte ihrer Vorfahren, die noch heute sowohl zuhause, wie auch auf Familienfeiern und insbesondere auf Pow-Wows zubereitet werden.

Kanadische Küche – Ute Tietje

Kulinarisches Erbe der Pioniere und Indianer Ontarios

112 Seiten – viele s/w-Fotos – ISBN 978-3-9809141-5-4

Buffalo Verlag, Verden – 3. Auflage 2018 – 12,90 €

Bodenständig, naturnah und gesund präsentiert sich die Küche Ontarios. Mussten die britischen und französischen Pioniere in den Anfängen ihre Essgewohnheiten zunächst noch dem einfachen Leben in der Wildnis anpassen, entwickelte sich allmählich aus den Gerichten der indianischen Ureinwohner und Einwanderer eine vielfältige Küche. Viele Gerichte können statt am heimischen Herd auch auf oder in einem Grill, im Dutch Oven oder zum Teil am Lagerfeuer zubereitet werden.

Nordamerika vegetarisch – Ute Tietje

Kulinarisches Erbe der Pioniere und Indianer

112 Seiten – viele s/w-Fotos – ISBN 978-3-946860-43-3

Buffalo Verlag, Verden – 2. Auflage 2018 – 12,90 €

Die Einwanderer aus der Alten Welt mussten ihre Essgewohnheiten den harten Bedingungen des neuen Kontinents anpassen und auch bei den Indianern waren vegetarische Gerichte verbreiteter, als man annehmen möchte; selbst bei den nomadischen Jägerstämmen. Vielfältig und naturnah zeigen sich die überlieferten Rezepte aus der Küche der Pioniere und Indianer – vom Frühstück bis zur Nachspeise –, nach denen ihre Nachkommen noch heute die Mahlzeiten zubereiten.

Andalusische Küche – Ute Tietje

Iberische Köstlichkeiten mit maurischem Erbe

108 Seiten – viele s/w-Fotos – ISBN 978-3-9809141-4-7

Buffalo Verlag, Verden – 2. Auflage 2010 – 11,90 €

Die mediterrane Küche des Südwestens der iberischen Halbinsel, beeinflusst von den Mauren, hat die andalusische Esskultur geprägt. Die Speisen in Andalusien sind – den warmen Temperaturen angemessen – zumeist leicht und gut bekömmlich. Der Einfluss des Orients ist in vielen Gerichten spürbar. Die Mauren kombinierten auf kreative Weise Fleisch und Fisch mit Früchten, Kräutern, Nüssen, aber auch scharfen Gewürzen. So gehören Beigaben von Mandeln, zerstoßenen Nüssen, Pistazien, Pinienkernen, Korinthen, Feigen, Melonen, Orangen und anderen Früchten, ja selbst Schokolade zu Fisch- und Fleischgerichten zu ihrem Erbe.

Camping-Kochbuch – Ute Tietje

210 leckere Rezepte schnell und einfach zubereiten

160 Seiten– ISBN 978-3-9468600-0-6

Buffalo Verlag, Verden 2019 – 19,90 €

Auch als E-Book

Ob auf dem Campingplatz, im State-Park oder beim Wildcampen – in diesem Rezeptbuch ist für jeden Outdoor-Fan etwas dabei. Die altbewährten Rezepte aus der Küche der Pioniere und Indianer Nordamerikas eignen sich perfekt für das Kochen in der freien Natur. Vom leckeren Frühstück über den Eintopf, Gegrilltem mit vielfältigen Beilagen bis hin zu köstlichen Kuchen aus der Pfanne für zwischendurch ist alles zu finden. Schnell und frisch mit einfach zu beschaffenden Zutaten zubereitet, ohne viel Firlefanz und trotzdem abwechslungsreich.

Trail-Training – Ute Tietje

Vom Playday bis zur Meisterschaft

220 Seiten – 240 Grafiken aus der Reiterperspektive– gebunden

ISBN 978-3-9813009-7-0 –Buffalo Verlag 2014 – 24,90 €

Nicht nur das furchtlose, aufmerksame Herangehen an ein Hindernis zählt, sondern auch die Technik, die Auswirkungen auf die Präzision und Geschwindigkeit bei den Abläufen hat. Mit 240 Graphiken aus der Reiterperspektive auf 220 Seiten lädt das Buch ein, sich diese Fertigkeiten anzueignen. Egal ob als Trail-Anfänger auf einem Playday oder bereits auf einem Meisterschafts-Level, der die Bewältigung der anspruchsvollen, von Tim Kimura kreierten Trails verlangt. Ein vielfältiges Spektrum der Verwendungsmöglichkeiten einzelner Hindernisse soll dazu anregen, sich für jeden Level individuellen Bedürfnissen folgend, die richtigen Übungen zusammenzustellen.

100 Übungen für Westernreiter – Band I

Hubertus Ott

108 Seiten – mehr als 100 Graphiken – ISBN 978-3-9809141-2-3

Buffalo Verlag, Verden, 5. Auflage 2019 – 18,90 €

Die Übungen dieses Buches sind in aufsteigendem Schwierigkeitsgrad geordnet, um das Training methodisch organisieren zu können. Klar und verständlich werden die Übungen anhand von Graphiken erklärt, so dass jeder seine Trainingsarbeit abwechslungsreich gestalten kann. Zusätzlich zu Übungen zur Rittigkeit (Übergänge, Gymnastizierung usw.) sind auch allgemeine Horsemanship- und Trailaufgaben enthalten sowie für das Westernreitabzeichen in Bronze Horsemanship- und Geländeaufgaben.

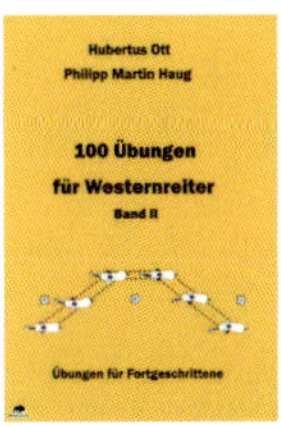

100 Übungen für Westernreiter – Band II

Hubertus Ott und Philipp Martin Haug

144 Seiten – ca. 150 Graphiken – ISBN 978 3 9809141-9-2

Buffalo Verlag, Verden, 3. Auflage 2012 – 18,90 €

Die Übungen dieses zweiten Bandes, die wie in Band I aus der Praxis entstanden sind, richten sich mit ihren anspruchsvolleren Lektionen an den bereits fortgeschrittenen Westernreiter. Sie geben wertvolle Tipps zum Ausbildungs- und Trainingskonzept für das tägliche Training. Hauptthemen sind Übungen zur Gymnastizierung, Galopparbeit, zu fliegenden Wechseln, Stopps und Spins.

100 Übungen für Freizeit- und Turnierreiter

Aus der Praxis für die Praxis – Hubertus Ott und Ute Tietje

128 Seiten – ca. 150 Grafiken – ISBN 978-3-98113009-0-1

Buffalo Verlag, Verden, 4. Auflage 2014 – 18,90 €

Auch im klassischen Reitsport ebnet nur stetes Training den Weg zu entspannten Ausritten und zu guter Leistung im Turniersport. Kreative Übungen erhalten die Aufmerksamkeit des Pferdes und motivieren es zur Mitarbeit. Das Ziel ist, durch inspirierende Übungen für individuelles Training ohne Langeweile für Pferd und Reiter Korrektheit und Gelassenheit bei der Aufgabenbewältigung zu erreichen.

Lexikon Westernreiten – Ute Tietje

Praxiswissen von A – Z

180 Seiten – weit über 100 Grafiken - ISBN 978-3-9468604-9-5

Buffalo Verlag, Verden, 2. Auflage 2019 – 16,90 €

Auch als E-Book

Aktuelles Wissen rund um den Westernreitsport für Turnier- oder Freizeitreiter. Mit mehr als 1.500 Begriffen von „A“ wie Appaloosa bis „Z“ wie Zero Score und seinen zahlreichen Querverweisen rund um den Westernreitsport lässt dieses Werk keine Frage offen.

Spannendes Jugend-Abenteuer im Palo Duro Canyon

Abenteuer in Texas – Ute Tietje

Das Geheimnis der Wolf Creek Ranch
268 Seiten – gebunden – s/w-Fotos
Buffalo Verlag 2012/2014 – ISBN 978-3-9813009-1-8
Für clevere Jungen und Mädchen ab 11 Jahren
Auch als E-Book

Die Hamburger Geschwister Maren und Tom, ihre brasilianische Cousine Ricky verbringen ihre Ferien auf der Ranch ihres Onkel am Palo Duro Canyon in Texas. Schnell schließen sie Freundschaft mit Charly, dem Enkel eines Nachbarn, Joe einem jungen Comanchen und dessen Halbwolf Lobo.
Tom, der die Begeisterung der Mädchen für Pferde nicht teilt, ist überzeugt, dass ihn auf der Ranch die langweiligsten Ferien seines Lebens erwarten, da die technische Anbindung an den Rest der Welt äußerst kläglich ist. Nicht gerade begeistert stimmt er einem mehrtägigen Reitausflug auf die Berghöhe Devils Tongue zum Ferien-Tipi von Joes Familie zu. Bei der Erkundung der unter der Devils Tongue liegenden Höhlen finden sie das 150 Jahre alte verschollene Tagebuch eines Südstaaten-Offiziers. Es enthält Hinweise auf verstecktes Armee-Gold aus dem Bürgerkrieg. Bevor die Freunde mit die Suche richtig beginnen können, bekommen sie unangenehme Gesellschaft, die ebenfalls nach dem Gold sucht. Der harmlose Reitausflug entwickelt sich zu einem packenden Abenteuer, das für Gänsehaut sorgt.

Ein Buch für gestandene Frauen, die gerne lachen

Carmen in fünf Akten – Ute Tietje

Ein Internetdate mit überraschenden Folgen
208 Seiten – gebunden – ISBN 978-3-9809141-3-0
Auch als E-Book

Als „Carmen" lernt die 55-jährige Anne, eine gebildete, selbständige Frau, in einer Internet-Kontaktbörse den attraktiven 62-jährigen Spanier Juan kennen und folgt der Einladung auf sein Anwesen in Andalusien. Dort entwickelt sich der einfühlsame Traummann zu einem von sich viel zu überzeugten Macho, dessen überraschend vorhandene Ehefrau in der letzten Woche zur Wahrung des guten Rufs der Familie eintrifft. Ein Guerilla-Krieg, begleitet von kuriosen Situationen, beginnt. Als der Latin Lover Anne überraschend mit einer Lüge abserviert, sinnt sie auf Rache und genießt sie kalt...

Carmen meets Don Juan! Schwungvoll und erotisch mit einer gehörigen Portion schwarzen Humors gewürzt, präsentiert Ute Tietje in stilvoller Präsenz ein turbulentes Liebesabenteuer in den reifen Jahren, das in die traumhafte Kulisse Andalusiens entführt. Ein Lesespaß, der trotz der Sexgelüste des Antagonisten und Beschreibung der entsprechenden Szenen bei aller Anschaulichkeit nie unter die Gürtellinie abdriftet.

Weitere Informationen sowie Rezensionen finden Sie hier:

www.buffalo-verlag.de